Alex Lefrank

Kirche ist paradox
Orientierung für den fälligen Wandel

ALEX LEFRANK

Kirche ist paradox

Orientierung für den fälligen Wandel

echter

Imprimi potest
München, den 22. Mai 2015
P. Stefan Kiechle SJ
Provinzial der deutschen Provinz der Jesuiten

Bibliografische Information der Deutschen Nationalbibliothek

Die Deutsche Nationalbibliothek verzeichnet diese Publikation
in der Deutschen Nationalbibliografie; detaillierte bibliografische
Daten sind im Internet über ‹http://dnb.d-nb.de› abrufbar.

1. Auflage 2016
© 2016 Echter Verlag GmbH, Würzburg
www.echter.de

Umschlag: Peter Hellmund (Bild: Lyonel Feininger,
Barfüßerkirche II, Öl auf Leinwand, 108,58 × 93,03 × 6,35 cm.
Collection Walker Art Center, Minneapolis
Gift of the T. B. Walker Foundation, Gilbert M. Walker Fund, 1943
© VG Bild-Kunst, Bonn 2015)
Satz: Hain-Team (www.hain-team.de)
Druck und Bindung: CPI books – Clausen & Bosse, Leck
ISBN 978-3-429-03921-9

Inhalt

Vorwort

Die Zeichen mehren sich, dass sich die katholische Kirche in Deutschland in einer Phase des Umbruchs befindet. In den letzten Jahren hat das zu erheblichen internen Spannungen und Auseinandersetzungen geführt. Es hatten sich deutlich zwei gegensätzliche Lager formiert: die einen, die medienwirksam Reformen forderten, die die Kirche für den modernen Menschen zugänglich machen sollen; die anderen, die eine Rückbesinnung auf die vorkonziliare Tradition verlangten. Inzwischen scheint es etwas ruhiger geworden zu sein. Man beginnt mehr wahrzunehmen, dass wir uns nicht nur in einer Phase des Umbruchs, sondern zunächst einmal in einem *Abbruch* befinden. Nicht nur die Zahl der Priester, sondern vor allem auch die Zahl der Gläubigen geht zurück; die finanziellen und personellen Ressourcen schwinden, und die Akzeptanz der Institution Kirche in der Gesellschaft nimmt weiter ab. Es braucht also eine *gründlichere Neuorientierung*. Von diesem Blickpunkt aus erweisen sich beide oben genannten Lager, auch das sogenannte progressive, eher als konservativ: Sie sind in ihren Postulaten von zu Ende gegangenen oder gehenden Gestalten von Kirche bestimmt und wollen diese durch Restauration von früheren Formen wiederherstellen oder durch Anpassung an gesellschaftliche Plausibilitäten weiterführen.

Wenn etwas zu Bruch geht, eröffnet sich die Chance, tiefer zu sehen. Für die Kirche gilt das gewiss. Sie hat im Laufe ihrer fast 2000-jährigen Geschichte schon eine Reihe von Umbrüchen erlebt, Umbrüche, die z. T. recht tiefe Veränderungen gebracht haben, so dass man von einer jeweils *neuen Gestalt* von Kirche reden muss. Auch wenn der Kern des Glaubens dabei nicht angetastet wurde, betrafen die Veränderungen doch so wesentliche Vollzüge wie die Sakramentenpastoral, die Liturgie, die Verkündigung und Seelsorge, die rechtliche und organisatorische Gestalt und vor allem das Verhältnis der Kirche zur umgebenden Gesellschaft. Schon ein oberflächlicher Blick auf die westliche Kirchengeschichte lässt solche Umbrüche erkennen:

– das Ende der Verfolgungszeit und die Anerkennung des christlichen Glaubens im römischen Kaiserreich, die sogenannte Konstantinische Wende im 4. Jahrhundert;

– der Übergang zu den germanischen Stämmen und die Entstehung einer „Reichskirche" mit der Entfremdung zwischen Ost- und West-Kirche in der Zeit vom 8. bis 11. Jahrhundert;

– der Zerfall dieser Reichs-Kirche im Spätmittelalter, der zur Reformation und zur katholischen Reform führte, die im Konzil von Trient eine neue Gestalt der Kirche formte;

– die politische und kulturelle Entmachtung der Kirche durch die Aufklärung, die Französische Revolution, die Säkularisation und die nachfolgende Neuordnung Europas.

Hat das II. Vatikanische Konzil eine neue Gestalt von Kirche hervorgebracht? Die unmittelbare „Nachkonzilszeit" dürfte zu Ende sein. So könnte der Zeitpunkt gekommen sein, auf die gestellte Frage eine Antwort zu wagen. Wenn man auf die Kirche insgesamt, die Kirche als Weltkirche, schaut, ist die Frage zu bejahen: Wir leben in einer neuen Epoche der katholischen Kirche. Wie ist es aber mit der katholischen Kirche *in Deutschland* bestellt? Ich meine, das

Konzil hat zwar viel an Verlebendigung, neuen Initiativen und Aufbrüchen geweckt, aber *eine neue Gestalt* von Kirche hat es bisher bei uns nicht gebracht. Dieses Buch versucht an einigen Punkten aufzuzeigen, inwiefern dies *nicht* geschehen ist.

Wenn eine bestimmte Gestalt von Kirche zerbricht, dann wird die Rückbesinnung auf das Fundament notwendig, auf dem Kirche steht. Das ist Christus, wie er von der apostolischen Kirche erkannt wurde und im Neuen Testament bezeugt wird. Dieses Zeugnis hat die Ursprungsgestalt von Kirche geformt. Auch wenn sich Kirche durch die fortlaufende Geschichte hin weiter entwickeln muss und sich dabei notwendigerweise verändern wird, bleibt sie auf diese Ursprungsgestalt verwiesen. Dabei muss immer wieder neu herausgefunden werden, was an dieser Ursprungsgestalt fundamentale, d. h. unaufgebbare Bedeutung hat und was eine erste, vorübergehende Gestaltwerdung war. Dennoch hat keine der im Laufe der weiteren Geschichte entstandenen Gestalten denselben Rang wie diese Ursprungsgestalt. Solange eine geschichtlich gewordene Gestalt von Kirche unangefochten funktioniert, sind wir damit beschäftigt, diese Gestalt weiter auszubauen und zu vervollkommnen. Davon ist auch unser Blick auf die neutestamentliche Ursprungsgestalt bestimmt; wir sehen, was wir suchen, und übersehen, was uns selbstverständlich scheint. Wenn eine gängige Gestalt von Kirche zu Bruch geht, braucht es meist eine Zeit, bis wir begreifen, dass es „so nicht mehr weitergehen kann". Wir sind dann gezwungen, uns neu auf das Fundament zu besinnen. Gerade die Bruchstellen einer überkommenen Gestalt von Kirche geben dann einen neuen Blick frei auf das Zeugnis der apostolischen Kirche.

In diesem Buch wird ein solcher Blick versucht. Er richtet sich zuerst auf das Neue Testament. Der Zielsetzung dieses Buches entsprechend kann dies nicht ausführlich geschehen. Meist zitiere ich einzelne Schriftstellen, die auf den Punkt bringen, worum es jeweils geht. Ich bin mir bewusst, dass dies nicht unproblematisch ist. Die ausgewählten Zitate sind aber derart, dass sie entweder ein Thema abschließend zusammenfassen, oder sie sind einzeln überlieferte Traditionsstücke, die literarisch in sich stehen. Sodann richtet sich der Blick auf die Kirche der nachapostolischen Zeit und skizziert die Entwicklung bis in unsere Tage. Dadurch wird wahrnehmbar, wie weitreichend oft die Veränderungen sind, die sich im Laufe der Zeit ergeben haben. Dadurch kann man auch leichter einsehen, dass die derzeit in Deutschland zu Bruch gehende *Gestalt* von Kirche nicht *die* Kirche ist.

Wie man zur Kirche, zu ihrer Gestalt und Entwicklung steht, hängt sehr davon ab, wie man in sie hineingewachsen ist. So ist auch dieses Buch davon geprägt, wie mein eigener Zugang zur Kirche gewesen ist. Ich bin in einer nicht kirchlich glaubenden und praktizierenden Familie aufgewachsen. Am Sonntag gingen wir in die Natur statt in die Kirche. Kirche, kirchliche Lehre und Praxis waren für mich als Kind fremdes Land. Ich bin also nicht das, was man heute „kirchlich sozialisiert" nennt. Da mein katholischer Vater im Krieg abwesend war und meine evangelische Mutter keinen Sinn darin sah, nahm ich nicht einmal am Erstkommunion-Unterricht und an der Erstkommunion-Feier der Schulklasse teil wie noch meine beiden älteren Brüder. Durch einen sachlich kompetenten Religionsunterricht am Gymnasium wurde ich dann überzeugt, dass Christus gekommen ist, um uns ein *neues, übernatürliches Leben* zu schenken, das über das hinausging, was ich an Werten und Lebensperspektive im Elternhaus aufgenommen hatte. Der Zugang zu diesem Leben liegt aber bei den Sakramenten der Kirche. Also musste ich diesen Zugang benutzen. So war Kirche für mich von vornerein auf Christus hin relativiert. Kirchliche Lehre, Vorgänge und Gebräuche konnte ich von daher einordnen, je nachdem wie eng sie mit dem Christusgeheimnis zu tun hatten. Entsprechend waren sie enorm wichtig oder relativ unwichtig. Das erleichtert mir bis heute den Umgang mit „Kirchenfragen" und hilft mir, unterscheidend mit ihnen umzugehen. Als Priester tat ich mich dann mit mancher Form von „Volksfrömmigkeit" schwer, und es brauchte einige Zeit, bis ich ihren Wert wahrnehmen konnte. Im Ganzen bin ich rückschauend sehr dankbar für den Weg, den ich geführt worden bin.

Mit diesem Buch möchte ich eine Orientierungshilfe geben. Es zeigt Veränderungs-*Bedarf* und Veränderungs-*Richtung* auf. Dafür will es *Begründung* liefern. Meine Erfahrung dafür kommt aus vielen geistlichen Begleitungen sowohl von Priestern wie Pastoral- und Gemeinde-Referentinnen und -Referenten und engagierten Laien, die in ihren Gemeinden aktiv mitarbeiten. Was dieses Buch *nicht* bietet, sind *konkrete* Veränderungs-*Vorschläge* für die pastorale Praxis. Dafür verweise ich gerne auf andere Veröffentlichungen, die aus entsprechender Erfahrung geschrieben sind.[1] Auch die Ökumene wird nur am Rande erwähnt, obwohl sich da gerade Spannendes vollzieht.[2] Es ist da und dort bereits so viel im Gange. Der Geist ist am Werk. Deshalb bin ich überhaupt nicht pessimistisch in Bezug auf die Zukunft der Kirche, auch in Deutschland. Aber sie wird eine andere, *eine neue Gestalt* finden müssen.

Danken möchte ich vor allem Bernadett Groß, die mir sehr geholfen hat, dieses Buch sowohl stilistisch wie im Gedankengang lesbar und verständlich zu machen. Ich habe sie in einem der eben erwähnten Aufbrüche im Volk Gottes kennengelernt.

1. Wieso ist Kirche paradox?

„Jesus hat das Reich Gottes verkündet, gekommen ist die Kirche", so formulierte Alfred Loisy seinerzeit.[3] Vielfach wurde der Satz so verstanden: Die Institution Kirche ist nicht dem Willen und Wirken Christi gemäß, sondern ein von seinen Anhängern erfundener Ersatz, nachdem das von Jesus angekündigte Reich nicht gekommen war. So einseitig und überzogen dieses Verständnis ist, enthält es doch etwas Richtiges. Die Kirche als Institution *ist nicht* das Reich Gottes. Falsch an diesem Verständnis wäre die Folgerung: Wenn sie nicht das Reich Gottes ist, dann ist sie eine menschliche Erfindung, dann hat sie keine größere Bedeutung als andere menschliche Institutionen; dann können wir sie so gestalten, wie *wir* wollen.

Bis heute erwarten viele von Kirche, dass sie Reich Gottes sei: ohne Versagen, ohne sündige Menschen, mit heiligen Amtsträgern; dass es keine Ungerechtigkeiten, keine Unbarmherzigkeit, keine Liaison mit den Mächtigen, keine Angst vor Verlust, keine faulen Kompromisse in ihr gäbe. Immer aber, wenn etwas Derartiges an ihr erfahren wird, macht sich Enttäuschung breit. Einerseits soll sie menschlich sein, andererseits verlangt man Übermenschliches von ihr. Diese falschen Erwartungen finden sich bei denen, die sich nicht zur Kirche zählen, aber insgeheim hoffen, dass es wenigstens *eine* vollkommene Institution in dieser Welt gäbe, eben die christliche Kirche. Ihre Enttäuschung schlägt oft in Aggression um. Diese Erwartungen finden sich aber auch bei vielen, die sich als Kirche verstehen. Auch bei ihnen schlägt die Enttäuschung nicht selten in Aggression um.

Wie ist aber nun der Zusammenhang von Reich Gottes und Kirche? Jesus verkündete: „Die Zeit ist erfüllt, das Reich Gottes ist nahe" (Mk 1,15). Er sagte nicht: Das Reich Gottes *ist da*. Es ist nicht da als Situation, und es ist nicht da als Institution. Aber es ist „ganz nahe herbeigekommen" – so die wörtliche Übersetzung (Mk 1,15b). *In Jesus selbst*, dem „Menschensohn", ist es wirksam da. *Dadurch* ist es uns ganz nahe. Denn er verwirklicht in seinem Reden und Handeln bereits die angekündigte Herrschaft Gottes. Er lebte sie mitten in dieser Welt, und er stellte gleichzeitig die gängigen Vorstellungen vom Leben in dieser Welt auf den Kopf – oder richtiger: vom Kopf auf die Füße, auf die Füße der Schöpfungs-Wirklichkeit, wie Gott sie *im Anfang* gewollt hat. Er weigerte sich, sich dem herrschenden Gesetz des „Do ut des" (ich gebe, damit du gibst), dem Gesetz der Vergeltung (wie du mir, so ich dir) zu unterwerfen. Er ging in die Vorleistung, indem er dort gab, wo ihm niemand gab, Kranke und von zerstörenden Mächten Besetzte heilte und denen im Namen Gottes Verzeihung gewährte, die den Willen Gottes missachtet hatten. Als er deshalb angefeindet wurde, blieb er zugewandt und gesprächsbereit. Er verzichtete darauf, sein Leben zu sichern. Nicht nur, dass er selbst so handelte; er verlangte es von denen, die ihm zuhörten und folgen wollten. Das neue Gesetz, das er auf dem Berg verkündete wie Mose – deshalb „Bergpredigt" (Mt 5–7) genannt –, ist das Gesetz des Reiches Gottes.

Aber kann man so, wie Jesus es fordert, in dieser Welt leben? Das führe doch zu Unordnung und Chaos, so einer der Einwände. Ein anderer: Das sei unerträglicher Rigorismus, wenn man es ernst nehmen wollte. Es überfordere den Menschen, wie er nun einmal ist. So dachten viele

Zeitgenossen Jesu, und so denken viele heute – auch innerhalb der Kirche, wenn auch nur im Stillen. Damals hielt man Jesu Art zu leben und darauf zu bestehen, dass Gott unser Leben in dieser Weise will, für so gemeingefährlich, dass man ihn umbrachte. Jesus sah dem ins Auge. Ja, er stellte seinen Jüngern dasselbe Schicksal in Aussicht.

Es musste also kommen, wie es gekommen ist. Jesus wurde verurteilt und hingerichtet. Dass seine Idee von neuem Leben nicht aus der Welt verschwunden ist, verdankt sich allein der Tatsache, dass der gekreuzigte Jesus, nachdem er begraben war, völlig überraschend denen als Lebender begegnet ist, die mit ihm nach Jerusalem gepilgert waren. Durch Jesu Auferweckung von den Toten bestätigte der unbegreifliche Gott Jesu Leben, Wirken und Verkündigen. Dieses Eingreifen Gottes ermächtigte die Jünger dazu, sein Leben, Sterben und Auferstehen als das *entscheidende Ereignis* der ganzen Menschheits-Geschichte zu proklamieren. Ihr Zeugnis ist der Ursprung der Kirche. Darin liegt auch der bleibende Sinn und Auftrag von Kirche: Dieses Christus-Ereignis in Verkündigung und Feier für die Menschen aller Zeiten und Regionen *gegenwärtig zu halten.*

Kirche ist also *auf einer Grenze* angesiedelt. Auf der Grenze, die mit Tod und Auferstehung Jesu markiert ist. Mit dem Tod endet unser Leben *in* dieser Welt. Der Auferstandene lebt nicht mehr *in* der Welt. Er gehört nicht mehr zu dem, was in der Welt vorhanden und jederzeit an einem bestimmten Ort antreffbar ist. Dennoch lebt er und hat sich als Lebender gezeigt, und zwar als identisch mit dem, der gekreuzigt wurde. Als der Gekreuzigte, der auferweckt wurde, ist er das Fundament, auf dem die Kirche steht: „Denn einen anderen Grund kann niemand legen als den, der gelegt ist: Jesus Christus" (1 Kor 3,11). Wenn Kirche also in ihm, dem Auferstandenen, gründet, dann ragt sie gleichsam von einem Ort *jenseits* der sichtbaren und greifbaren Welt aus *in* diese Welt *hinein*. Als Institution ist Kirche ganz *in* dieser Welt; aber sie *wurzelt* in einem Ereignis, das kein Ereignis dieser Welt mehr ist. Es hat die Welt aufgerissen über sich hinaus. Kirche ist gleichsam das Tor, durch das dieses Ereignis in unsere Welt hineinragt.

In ihrem anderthalb Jahrhunderte währenden Ringen um das rechte Verständnis des Neuen Testaments haben die Exegeten diesen Tatbestand mit dem Stichwort „eschatologisch" aufgegriffen. Eschatologisch meint: *end- und letzt-gültig*. Als Fachbegriff nimmt dieses Wort die Verheißungslinie des Alten Testamentes auf. Die Bücher des Alten Testaments sind von der Frage nach der Gerechtigkeit bewegt. Je weniger sich die Erwartung zu bewahrheiten schien, dass Gott *innerhalb der Geschichte* Recht schafft, desto deutlicher erweiterte sich der Horizont der Propheten über die Geschichte hinaus, und sie blickten auf ein Ende („Eschaton") der Geschichte, in dem Gott *endgültig* Recht schaffen wird. In dieser Perspektive sieht das Neue Testament das Christus-Ereignis. Es sieht in Jesus den Menschensohn aus der Vision des Propheten Daniel, dem Gott „Herrschaft, Würde und Königtum gegeben hat" (Dan 7,14). Es verbindet diesen Hoheits-Titel mit dem Schicksal des leidenden Gottes-Knechtes (Jes 52/53), der die Schuld der Menschen stellvertretend auf sich nimmt, und greift die messianischen Verheißungen auf, die auf einen König nach dem Ideal Davids zielten. Was in diesen verschiedenen Verheißungs-Linien des Alten Testaments aufleuchtet, wurde in Jesus, vor allem durch seinen Kreuzestod und seine Auferstehung, erfüllt.

Aber diese Erfüllung ist noch *nicht* als solche *offenbar*. Jesus ist zwar in die Herrlichkeit des Vaters eingegangen, aber sein „Kommen mit großer Macht und Herrlichkeit auf den Wolken des Himmels" (Mt 24,30) steht noch aus. So finden sich diejenigen, die Jesus als Messias und Erlöser annehmen, in einer Situation des *Zwischen*: In ihrer Identität als Christen sind sie *nicht mehr* voll in der Welt; sie sind aber auch *noch nicht* im himmlischen Reich. Als Gemeinschaft der zu Christus Gehörenden ist Kirche also auf der Grenze zwischen irdischer Geschichte und himmlischer Vollendung angesiedelt. Vor allem Paulus hat diese Zwischen-Existenz des Christ-Seins herausgearbeitet. In Bezug auf den einzelnen Christen ist das unmissverständlich formuliert in seiner Tauf-Katechese: „Wisst ihr denn nicht, dass wir alle, die wir auf Christus Jesus getauft wurden, *auf seinen Tod* getauft worden sind? Wir wurden mit ihm *begraben* durch die Taufe auf den Tod; und wie Christus durch die Herrlichkeit des Vaters von den Toten auferweckt wurde, so *sollen* auch wir als neue Menschen leben. Wenn wir nämlich ihm gleich geworden sind in seinem Tod, dann *werden wir* mit ihm auch in seiner Auferstehung vereinigt sein" (Röm 6,3–5).[4] Durch die Taufe wird der Mensch in den Leib Christi inkorporiert und damit berufen, als Glied am Leben dieses Leibes teilzunehmen und mitzuwirken. Taufe ist aber *kein Automatismus*. Wenn sie gültig empfangen wurde, hat Gott zwar seine Hand unwiderruflich auf den getauften Menschen gelegt. Aber es ist wie mit einem Samenkorn: Wenn es nicht keimt und wächst, wird keine Pflanze aus ihm. So schlummert die Taufgnade und bleibt unfruchtbar, wenn sie nicht in einem Leben im Glauben *entfaltet* wird. Es ist deshalb schlechthin falsch, jeden Getauften zum mündigen Christen zu erklären, der vollverantwortlich in der Kirche mitreden kann, wie es häufig geschieht;[5] damit er ein mündiger Christ wird, muss er sich auf den Weg gemacht haben, „als neuer Mensch zu leben" (Röm 6,4).

In etwas anderer Terminologie hat das Johannes-Evangelium das Christus-Ereignis reflektiert und seine eschatologische Bedeutung herausgestellt. In Christus, in der Begegnung mit ihm, geschieht bereits *Gericht*, Scheidung (κρισισ). „Wer an ihn glaubt, wird nicht gerichtet; wer nicht glaubt, ist schon gerichtet, weil er an den Namen des einzigen Sohnes Gottes nicht geglaubt hat" (Joh 3,18). Aufgabe der Kirche ist es deshalb, Christus durch ihre Verkündigung und ihr Zeugnis so gegenwärtig zu machen, dass sich die Menschen *für oder gegen ihn entscheiden* können und müssen. Diese Entscheidung bringt Scheidung. Wo es durch Kirche nicht zu dieser Scheidung kommt, ist ihre Verkündigung wirkungslos geblieben. Kirche hat also nicht dann und wann eine Krise, wenn sie den Vorstellungen der Menschen nicht entspricht. Diese Rede von Krise ist zu sehr von der Vorstellung einer in der Gesellschaft etablierten Kirche geprägt. Kirche *ist wirklich* in der Krise, wenn sie Krise, Scheidung, *nicht herbeiführt*. Von daher ist die Terminologie des Johannes-Evangeliums zu verstehen, die eine klare Scheidung zwischen Jüngergemeinde und Welt formuliert: „Wenn ihr von der Welt stammen würdet, würde die Welt euch als ihr Eigentum lieben. Aber weil ihr nicht von der Welt stammt, sondern weil ich euch aus der Welt erwählt habe, darum hasst euch die Welt" (Joh 15,19). Das dürfte die Krise sein, in der die deutsche Kirche *eigentlich* steckt: Sie hat in ihrer Pastoral zu lange an einem Modell festgehalten, das die Menschen nicht zur Entscheidung für Christus führt. Echte Verkündigung und

Pastoral *muss aber* zur Entscheidung führen. Entscheidung für Christus ist immer auch Abgrenzung. Abgrenzung gegenüber der Welt, die sich nicht für ihn entschieden hat – nicht um gegen die Welt zu sein, sondern um ihr mit der neuen Identität in Christus gegenüberzutreten. Also auch vom Johannes-Evangelium her ist Kirche als die Gemeinschaft derer, die sich entschieden haben,[6] auf der Grenze angesiedelt.

Das hat das II. Vatikanische Konzil in seiner Kirchen-Konstitution dargestellt. Sie greift unser Thema zunächst mit der Aussage auf: „Die Kirche ist ja in Christus gleichsam das Sakrament, das heißt Zeichen und Werkzeug für die innigste Vereinigung mit Gott wie für die Einheit der ganzen Menschheit."[7] Kirche als Institution *ist nicht* die Vereinigung mit Gott, auch nicht die Einheit der Menschheit; aber sie ist Zeichen und Werkzeug dafür. Sakrament ist ein Geschehen, das etwas gegenwärtig, ja wirksam macht, was nicht in dieser irdischen Welt vorhanden ist. Diese paradoxe Identität von Kirche wird dann noch deutlicher erläutert: „Die sichtbare Versammlung und die geistliche Gemeinschaft, die irdische Kirche und die mit himmlischen Gaben beschenkte Kirche sind nicht als zwei verschiedene Größen zu betrachten, sondern bilden eine einzige komplexe Wirklichkeit, die aus menschlichem und göttlichem Element zusammenwächst."[8] Wenn es aber bei der „sichtbaren Versammlung" bleibt, *ohne* dass sich darin eine „geistliche Gemeinschaft" entwickelt, wird Kirche als Sakrament nicht fruchtbar.

Im 7. Kapitel der Kirchenkonstitution, „Der endzeitliche Charakter der pilgernden Kirche und ihre Einheit mit der himmlischen Kirche" (De indole eschatologica Ecclesiae …), wird diese komplexe Wirklichkeit von Kirche im

Blick auf die *Zeitachse* weiter erläutert: „Das Ende der Zeiten ist also bereits zu uns gekommen (vgl. 1 Kor 10,11), und die Erneuerung der Welt ist unwiderruflich schon begründet. … Bis es aber einen neuen Himmel und eine neue Erde gibt, in denen die Gerechtigkeit wohnt (vgl. 2 Petr 3,13), trägt die pilgernde Kirche in ihren Sakramenten und Einrichtungen, die noch zu dieser Weltzeit gehören, die Gestalt dieser Welt, die vergeht …" (LG 48).

So rechtfertigt sich der Titel dieses Buches: Kirche ist ein Paradox, eine Sache, deren Wirklichkeit wider (παρα) die Erscheinung (δοξα) steht. Ihre Wirklichkeit geht wesentlich über das hinaus, was erscheint. Sie kann nur richtig wahrgenommen werden, wenn man *hinter* die Erscheinungen zu schauen vermag. Das Konzil spricht vom „Geheimnis", das die Kirche ist und von dem es sagt, dass es schon „in ihrer Gründung offenbar wird"[9]. Kann ein Geheimnis offenbar werden? Sicher nicht dadurch, dass die Spannungen und Gegensätze, die dieses Geheimnis ausmachen, verschwiegen und übertüncht werden. Es gehört jedoch zum Auftrag der Kirche, sich als Geheimnis zu bezeugen. Insofern dies mit Worten geschieht, heißt das, Gegensätzliches über sich zu sagen und festzuhalten.

2. Kirche in Zeit und Ort

Kirche ist also ein Geheimnis, das nur von ihrer Gründung in Tod und Auferstehung Jesu her verstanden werden kann. Das hat Folgen für ihre Existenz in Zeit und Ort.

In Bezug auf die Dimension der Zeit sagt das Neue Testament, dass mit dem Kommen Christi „die Endzeit" angebrochen sei. Ganz programmatisch sagt dies der Hebräerbrief: „Viele Male und auf vielerlei Weise hat Gott einst zu den Vätern gesprochen durch die Propheten; in dieser Endzeit aber hat er zu uns gesprochen durch den Sohn" (Hebr 1,1).[10] Oder im ersten Johannesbrief: „Meine Kinder, es ist die letzte Stunde" (1 Joh 2,18). Dort, wo Christus als *Erfüllung* der Verheißungen des Alten Bundes bezeichnet wird, wird implizit dasselbe verkündet. Denn wenn *der* gekommen ist, den diese Verheißungen angekündigt haben, dann ist das Ziel der Heilsgeschichte erreicht. Über den Sohn hinaus *kann* es nichts Größeres, nichts wirklich Neues mehr geben. Nicht dass mit dem Erscheinen Christi Endzeit ist, ist erstaunlich, sondern dass jetzt noch nicht *alles* zu Ende ist, dass es noch weiterlaufende Geschichte gibt. Der heils-geschichtliche Sinn dieser weiterlaufenden Geschichte kann nur darin bestehen, dass alle Völker und Zeitalter an der Fülle Christi Anteil gewinnen. Das ist die Zeit der Kirche, programmatisch formuliert zu Beginn der Apostelgeschichte: „Als sie nun beisammen waren, fragten sie (die Apostel) ihn (Jesus): Herr, stellst du in dieser Zeit das Reich für Israel wieder her? Er sagte zu ihnen: Euch steht es nicht zu, Zeiten und Fristen zu erfahren, die der Vater in seiner Macht festgesetzt hat. Aber ihr werdet die Kraft des Heiligen Geistes empfangen, der auf euch herabkommen wird; und ihr werdet meine Zeugen sein in Jerusalem und in ganz Judäa und Samarien und bis an die Grenzen der Erde" (Apg 1,6–8). Dies ist die Sendung der Kirche: in der Kraft des Heiligen Geistes Zeugnis zu geben von dem Christus-Ereignis, in dem sich der Sinn der Menschheits-Geschichte *bereits erfüllt hat.*

Die Zeit, die wir mit Uhr und Kalender messen, ist nicht die Zeit des Menschen als Person. Das erleben Liebende oder auch Leidende. Sie erfahren, wie unterschiedlich lang Minuten oder Stunden sein können. Eine erfüllte Begegnung, die nur wenige Minuten dauert, hat eine andere Qualität als die Zeit, die bei einer monotonen Fließbandarbeit abläuft. Im Griechischen gibt es dafür zwei verschiedene Worte: Chronos (χρονοσ), die abstrakte, vorbeigehende Zeit, die wir quantitativ einteilen und messen können, und Kairos (καιροσ) als die Zeit, die durch ihren Ereignis-Inhalt qualifiziert ist. Ob eine Zeit ein „Kairos" ist, entscheidet sich daran, ob sich in ihr etwas erfüllt, ob in ihr eine Sehnsucht, eine Entwicklung ihr Ziel erreicht. Von daher gesehen, erscheint der Chronos, die abstrakte Zeit, wie ein leerer Raum, der dazu da ist, durch sinngebende Ereignisse gefüllt zu werden. Von dieser Unterscheidung her lässt sich verstehen, wie sich Heilsgeschichte und Geschichte allgemein zueinander verhalten. Es sind nicht zwei verschiedene, nebeneinanderlaufende Geschichten. Die Heilsgeschichte ereignet sich *in* der allgemeinen Geschichte. Wir reden von *Heils*-Geschichte, wenn wir in den Ereignissen und Entwicklungen der Geschichte *Heil* oder Heils-Relevantes erkennen. Denn das ist der Sinn der Menschheits-Geschichte: das Heil der Menschen; oder mit dem Evangelium formuliert: das Reich Gottes (vgl. Mk 1,15). Es bedarf also eines qualifizierten *Erkenntnisvermögens*, um in den ablaufenden Ereignissen der Geschichte den Heils- oder Unheils-Sinn wahrzunehmen, den sie haben.

Geradezu exemplarisch wird dieser Sinnzusammenhang von allgemeiner Geschichte und Heilsgeschichte in den alttestamentlichen Geschichtsbüchern formuliert, die deshalb im hebräischen Kanon als *prophetische* Bücher geführt werden. Denn die Aufgabe des Propheten ist genau dies: den Heilssinn gegenwärtiger und zukünftiger, also sich anbahnender Ereignisse zu erkennen und zu künden. So wird in den Samuel- und Königsbüchern die Geschichte Israels erzählt, aber nicht von einem neutralen, sachlich beobachtenden Standpunkt aus, sondern mit dem erleuchteten Blick dessen, der die jeweiligen Situationen von Gott her auf ihre Heilsbedeutung hin durchleuchtet. Durch diese Art, Geschichte zu erzählen, wird die Geschichte Israels zum *Exempel*, zum Muster, an dem abgelesen werden kann, wie Gott handelt und durch die handelnden menschlichen Akteure hindurch seine Ziele verfolgt. Besonders dramatisch zeigt sich das beim Untergang des Nordreiches (722 v. Chr.) und Judas (587 v. Chr.) und bei dem aus dem Exil heraus geschenkten Neuanfang. Noch in der Katastrophe des Untergangs kündigt der Prophet Jeremia einen „Neuen Bund" an (Jer 31,31). Dieser Neue Bund ist in Christus verwirklicht. Er ist unüberholbar neu, weil Christus nicht mehr überboten werden kann. Die Zeit dieses Bundes ist deshalb *End*-Zeit. Aber sie ist als solche *noch verborgen* und nur den Glaubenden offenbar.

In allen Schriften des Neuen Testaments ist deshalb eine „eschatologische Spannung" darauf spürbar, dass *allen offen-*

bar wird, was den Glaubenden bereits geschenkt ist. Sie ist besonders deutlich greifbar als sogenannte Naherwartung, d. h. als die Erwartung, dass Christus in naher Zukunft – noch zu Lebzeiten der Apostel, der Erstverkündiger – wiederkommen wird: „Zuerst werden die in Christus Verstorbenen auferstehen; dann werden wir, die Lebenden, die noch übrig sind, zugleich mit ihnen auf den Wolken in die Luft entrückt, dem Herrn entgegen" (1 Thess 4,16–17).[11] In der Exegese hat man diese „Naherwartung" vielfach als eine durch die Geschichte widerlegte Annahme angesehen; das wäre sie auch, wenn man sie als kalendarische Zeitangabe *miss*versteht. Die neutestamentliche Naherwartung bezieht sich jedoch nicht auf die Zeit, die man mit Uhr und Kalender messen kann. Sie ist vielmehr die gespannte Sehnsucht danach, dass der auferstandene Herr aus seiner Entzogenheit in die *allen* zugängliche Offenheit trete und wir *mit ihm* offenbar werden: „Aber auch wir, obwohl wir als Erstlingsgabe den Geist haben, seufzen in unserem Herzen und warten darauf, dass wir mit der Erlösung unseres Leibes als Söhne offenbar werden" (Röm 8,23). Wenn Christus jetzt schon „unser Leben" (Kol 3,4) ist, dann ist diese Sehnsucht, dass wir aus dem Halbdunkel des Glaubens in die strahlende Helle des Schauens kommen, ganz natürlich. Die Situation ist vergleichbar mit der von einander Liebenden, die sich danach sehnen, beieinander zu sein. So bekennt Paulus: „Ich sehne mich danach, aufzubrechen und bei Christus zu sein – um wie viel besser wäre das!" (Phil 1,23).[12] Die „in Christus" Lebenden werden als Vorhut gesehen, die der Bewegung der übrigen Schöpfung voraus sind: „Auch die Schöpfung soll von der Sklaverei und Verlorenheit befreit werden zur Freiheit und Herrlichkeit der Kinder Gottes. Denn wir wissen, dass die gesamte Schöpfung bis zum heutigen Tag seufzt und in Geburtswehen liegt" (Röm 8,21–22). So entpuppt sich die sogenannte Naherwartung als selbstverständliche Haltung derer, die „in Christus"[13] leben. Sie ist nicht eine vorübergehende Begeisterung der ersten Christen, sondern gehört *wesentlich* zum Christ-Sein, wie es das Neue Testament versteht.

In dieser Sehnsucht steht nicht nur der einzelne Christ; sie erfüllt die Kirche als Ganze, denn die Kirche ist die Braut Christi. „Der Geist und die Braut aber sagen: Komm!" (Offb 22,17). In der Eucharistie feiert sie das vergangene Heilsereignis von Tod und Auferstehung Christi nicht nur als *Gedächtnis und Vergegenwärtigung,* sondern auch als Vorausfeier des *himmlischen Hochzeitsmahls,* noch verborgen unter Zeichen zwar, aber als reale Gegenwart: „Wer mein Fleisch isst und mein Blut trinkt, hat das ewige Leben, und ich werde ihn auferwecken am Letzten Tag" (Joh 6,54). Zur Feier der Eucharistie gehört also diese Sehnsucht, die sagt: Komm! Die Gemeinschaft der Kirche reicht auch jetzt schon über ihre irdische Wirklichkeit hinaus. Sie weiß sich als „streitende Kirche" eins mit der am Reinigungsort „leidenden" und im Himmel schon „triumphierenden" Kirche. Deshalb werden die Toten und die Heiligen in die Feier einbezogen.

Dem Johannes-Evangelium unterstellt man in der Theologie oft eine „präsentische Eschatologie", was sagen will, dass alle Heilverheißungen schon in der Gegenwart erfüllt seien. Tatsächlich aber ist in diesem Evangelium die eschatologische Spannung nicht verschwunden, sondern nur anders, vielleicht noch schärfer als in den anderen Schriften des Neuen Testaments ausgedrückt: „Die Stunde kommt und sie ist schon da" (Joh 4,23; 5,25; 16,32). „Die

Stunde" ist im Kommen, also noch nicht einfach *gekommen* und *reine* Gegenwart; aber sie ist so *im* Kommen, dass sie schon in die Gegenwart hineinragt, also nicht mehr reine Zukunft ist. Was „kommt und ist schon da"? Die Stunde, „zu der die wahren Beter den Vater anbeten werden im Geist und in der Wahrheit" (Joh 4,23). Die Stunde, „in der die Toten die Stimme des Sohnes Gottes hören werden; und alle, die sie hören, werden leben" (Joh 5,25). Die Stunde, „in der ihr versprengt werdet, jeder in sein Haus, und mich werdet ihr allein lassen" (Joh 16,32). Dies ist zugleich die Stunde, „in der Gericht gehalten wird über diese Welt" (Joh 12,31). Alle diese Manifestationen des Reiches Gottes ergreifen uns jetzt schon. Sie sind nicht so zukünftig, dass wir rein passiv darauf warten könnten, bis sie irgendwann eintreten. Sie haben uns schon erfasst und nehmen uns in die Bewegung des Sohnes zum Vater hinein.

In den synoptischen Evangelien spürt man bereits eine Auseinandersetzung damit, dass sich die Zeit *hinzieht*, bis „man den Menschensohn mit großer Macht und Herrlichkeit auf den Wolken kommen sehen wird" (Mk 13,26). Besonders das Matthäus-Evangelium greift dieses Thema auf: „Als nun der Bräutigam lange nicht kam" (Mt 25,5 Gleichnis von den zehn Jungfrauen); „nach langer Zeit kehrte der Herr zurück" (Mt 25,19 Gleichnis von den Talenten). Alle drei synoptischen Evangelien weisen apokalyptische Berechnungen über den Zeitpunkt des Endes zurück und betonen, dass „ihr (die Adressaten des Evangeliums) weder den Tag noch die Stunde wisst" (Mt 25,13 vgl. Mk 13,35; Lk 12,40). Sie vergleichen das Kommen des Herrn mit dem Dieb in der Nacht (Mt 24, 43). Sie betonen also die Unverfügbarkeit seines Kommens und mahnen eindringlich zur *Wachsamkeit*. Dies ist mehr als ein moralischer Appell. Die gespannte Erwartung seines Kommens verbietet es, sich in den jetzigen Gegebenheiten, „in den Sorgen, dem Reichtum und den Genüssen des Lebens" (Lk 8,14) einzurichten. Die Kirche ist die *Gemeinschaft derer, die wachen*. Das wird in den nächtlichen Vigil-Gottesdiensten gemeinsam vollzogen.

Paulus drückt die eschatologische Spannung aus, indem er formuliert, was für Christen „schon" und was „noch nicht" ist. So sagt er zum Beispiel: „Wenn wir nämlich ihm (Christus) gleich geworden sind in seinem Tod, dann werden wir mit ihm auch in seiner Auferstehung vereinigt sein" (Röm 6,5). Oder: „Wenn der Geist dessen in euch wohnt, der Jesus von den Toten auferweckt hat, dann wird er, der Christus Jesus von den Toten auferweckt hat, auch euren sterblichen Leib lebendig machen, durch den Geist, der in euch wohnt" (Röm 8,11). Paulus stellt fest, was bereits geschehen ist (Perfekt), und kündigt an, was von jetzt an geschehen wird (Futur). Der Christ ist geprägt von dem, was geschehen ist und was ihn durch Sakrament und Wort schon erreicht hat. Dies ist aber ein *Anfang*, der sich noch entfalten und bewähren muss und dessen Vollendung noch aussteht. Deshalb sind zwei Tugenden besonders wichtig: Hoffnung und Geduld. „Wir sind gerettet, doch in der Hoffnung. Hoffnung aber, die man schon erfüllt sieht, ist keine Hoffnung. ... Hoffen wir aber auf das, was wir nicht sehen, dann harren wir aus in Geduld" (Röm 8,24–25).

Auch zum Ort haben Christen ein eigenes Verhältnis. Sie sind „in der Welt" (Joh 17,11), aber „nicht von der Welt" (Joh 17,14). „Wenn ihr von der Welt stammen würdet, würde die Welt euch als ihr Eigentum lieben. Aber weil ich euch aus der Welt erwählt habe, darum hasst euch die Welt" (Joh 15,18–19).[14] Christen sind also „Fremde und Gäste in dieser Welt" (1 Petr 2,11). Sie leben „in der Zerstreuung" (1 Petr 1,1; Jak 1,1).[15] Deshalb kann Kirche auch nicht in dem Sinne „Heimat" sein, dass sie diese Fremdheit in der Welt eliminieren würde. Es ist offensichtlich, dass die sogenannte Konstantinische Wende im 4. Jahrhundert und die darauf folgende Übernahme des christlichen Glaubens als Religion des Reiches demgegenüber eine Wandlung einleitete, die dieses Fremdheits-Empfinden in den Hintergrund treten ließ. Dadurch wurde „Diaspora" schließlich zur Bezeichnung für eine Ausnahme-Situation von Kirche. Diaspora ist aber die *Grundsituation* der Kirche.

Wenn Kirche im beschriebenen Sinn „eschatologische" Größe ist, dann hat sie ein besonderes, *einzigartiges* Verhältnis zu Welt und Geschichte. Als Leib Christi ist sie anders in dieser Welt als andere Gemeinschaften oder Institutionen. Ihr eigentliches Wesen ist der Welt verborgen. Gleichzeitig ist sie Teil der Menschheits-Geschichte und geht doch nicht darin auf. Je nach ihrer soziologischen Größe und Bedeutung hat sie sichtbaren Einfluss auf den Gang der Geschichte oder erscheint mehr als ein Randphänomen. Als Kirche hat sie eine eigene Kirchengeschichte, die mehr oder weniger verwoben ist mit der gesamten Geschichte. Kirchengeschichte ist deshalb kein rein historisches Fach, sondern ist Theologie, wenn sie die paradoxe Wirklichkeit von Kirche in ihrer oft tragischen Verstrickung in die Welt nachzeichnet.

Wiederum zeigt sich, dass Kirche paradox ist. Sie lebt einerseits in der Endzeit, die mit dem Christus-Ereignis angebrochen ist, und bewegt sich doch in der weiterlaufenden Geschichte, die sich in unterschiedlichen Epochen entfaltet. Daraus ergibt sich einerseits die Versuchung, sich als Kirche in ihrer ganzen Gestalt für zeitlos ewig und allem geschichtlichen Wandel enthoben zu halten, andererseits die gegenteilige Versuchung, die jeweilige Epoche als eine neue Etappe *der Heilsgeschichte* anzusehen, in der der wahre Sinn des Christus-Ereignisses erst richtig offenbar würde. Tatsächlich kann sie ihrem Auftrag nur treu bleiben, wenn sie die *neuen Fragestellungen*, die jede Epoche aufwirft, an sich heranlässt und sie dazu nutzt, tiefer in ihr Erbe, in das Ursprungszeugnis der apostolischen Zeit, einzudringen und ihre Verkündigung entsprechend zu aktualisieren.

In diesem Sinn war im und nach dem II. Vatikanischen Konzil viel die Rede von den „Zeichen der Zeit". Das Wort stammt aus dem Evangelium: „Sobald ihr im Westen Wolken aufsteigen seht, sagt ihr: Es gibt Regen. Und es kommt so … Ihr Heuchler! Das Aussehen der Erde und des Himmels könnt ihr deuten. Warum könnt ihr dann die Zeichen dieser Zeit nicht deuten?" (Lk 12,54.56). Jesus fragt nach den Zeichen *dieser seiner* Zeit. Es ist eindeutig, dass er damit nicht die gesellschaftlich-politische Situation damals in Palästina meint, sondern die *besondere, heilsgeschichtlich einmalige*, die Situation, die durch *sein Kommen* angebrochen ist, also die Zeit, die wir als „Endzeit" charakterisiert haben, die Jesus als Zeit der Entscheidung (Lk 12,49–53) und der Versöhnung vor dem Gericht (Lk 12,57–59) bezeichnet.

Das Konzil hat den Ausdruck „Zeichen der Zeit" aus diesem eschatologischen Bezug gelöst und auf die fortlaufende allgemeine Geschichte bezogen. „Zur Erfüllung ihres Auftrags obliegt der Kirche allzeit die Pflicht, nach den Zeichen der Zeit zu forschen und sie im Licht des Evangeliums zu deuten."[16] „Zeichen der Zeit", wie das *Konzil* diesen Ausdruck gebraucht, meint also die Kennzeichen, die eine jeweilige Zeitepoche charakterisieren. Sie sind als solche nicht Heilszeichen; sie bedürfen vielmehr der *Deutung* „im Licht des Evangeliums". Einer einseitigen Skepsis der geschichtlichen Entwicklung gegenüber, die nur Schlechtes darin zu sehen vermag, hat das Konzil auch auf deren positive Möglichkeiten für die Menschheit hingewiesen, ohne deren Gefahren zu verschweigen. Weil das Heil des Menschen „eschatologisch" ist, das heißt über diese Weltzeit hinaus liegt, kann keine geschichtliche Epoche im vollen Sinne Heilszeit sein. Das gilt auch für die Neuzeit und deren Weiterentwicklung in der Moderne. Es ist zutreffend, von einer „Öffnung" des Konzils für die Moderne zu sprechen, falsch aber, eine umfassende „Versöhnung" der Kirche mit der Moderne zu propagieren. Neuzeit und Moderne sowie die heraufziehende Postmoderne sind Phasen geschichtlicher Entwicklung der Menschheit,[17] die heilsgeschichtlich nichts Neues über das Christus-Ereignis hinaus bringen, wohl aber die Chance bieten, das Christus-Ereignis von den Fragestellungen dieser Epochen her umfassender und tiefer zu erfassen.

Mit der neutestamentlichen Qualifizierung der Geschichte ist der neuzeitlich-moderne Fortschrittsglaube *unvereinbar*. Dieser sieht die Geschichte als eine kontinuierliche Höherentwicklung der Menschheit, vor allem durch Wissenschaft und Technik. In seiner Enzyklika „Spe salvi" (Auf Hoffnung hin sind wir gerettet) hat Papst Benedikt XVI. prägnant aufgezeigt, wie die christliche *eschatologische* Hoffnung in der Neuzeit zum *innerweltlichen* Fortschrittsglauben geworden ist.[18] Dieser hat zwar schon begonnen, in Pessimismus umzukippen, bestimmt aber immer noch weitgehend die Medien und damit das Bewusstsein weiter Kreise bis in die Kirche hinein. Wenn das Konzil verlangt, die „Zeichen der Zeit im Lichte des Evangeliums zu deuten", dann verlangt es, sich mit den gängigen Meinungen einer Zeit-Epoche auch *kritisch* auseinanderzusetzen.[19]

Weil Kirche, so wie dargelegt, in Zeit und Ort steht, lässt sich an der Weise, wie sie als Glaubensgemeinschaft und Institution in der jeweils konkreten geschichtlichen Zeit und am konkreten geschichtlichen Ort lebt, sich darstellt und zeigt, ablesen, *wieweit sie ihrer Sendung treu ist.* Wenn sie sich in den Gang der Geschichte eines Volkes und einer Zeit vollkommen eingefügt hat und assimilieren lässt, dann dürfte dies ein Symptom dafür sein, dass sie sich von ihrer Sendung, „Sauerteig" zu sein, entfernt hat. Wenn sie *nicht bereit ist, auch* in Distanz und Widerspruch zur gesellschaftlichen Entwicklung zu geraten, verrät sie ihren Auftrag. Widerspruch und Distanz sind jedoch *kein Selbstzweck.* Sie ergeben sich aus der Sache, das heißt aus der Botschaft, die die Kirche zu bezeugen hat.

3. Vier Dimensionen von Kirche

Das Konzil nennt die Kirche eine „komplexe Wirklichkeit"[20]. Wenn man das Wort „Kirche" benutzt, sollte man sich seiner Vielschichtigkeit bewusst sein. Spricht man über Kirche, dann ja meist nicht über das Geheimnis Kirche *insgesamt*, sondern über bestimmte Fragen und Situationen, sei es der Lehre, der Pastoral oder der Stellung der Kirche in der Gesellschaft. Wenn man dabei aber das Wort „Kirche" benutzt, wird man ihrer Vielschichtigkeit meist nicht gerecht. Im Folgenden nenne ich vier Aspekte, die an der Kirche zu erkennen sind. Ich nenne sie „Dimensionen", weil sie sich *gegenseitig durchdringen* und nur *zusammen* die ganze, geheimnisvolle Wirklichkeit von Kirche ausmachen.

1. Kirche ist Leib Christi, belebt durch den Heiligen Geist

Die Kirche ist nicht nur ein soziales Gebilde, das aus der Sendung Jesu Christi, des Sohnes Gottes, entstanden ist, sondern sie ist *bleibend mit ihm verbunden*. Diese Verbindung übersteigt an Intensität und Innigkeit die Verbindung, die wir zwischen Menschen in unserer irdischen Wirklichkeit kennen. Sie kommt in der Bezeichnung der Kirche als „Leib Christi" am klarsten zum Ausdruck. Wie der Leib ohne das Haupt kein Leib ist und ohne den Atem nicht lebt, so ist Kirche nur in dieser innigsten Einheit mit Christus und durch den Atem des Heiligen Geistes Kirche. Nach seiner Himmelfahrt ist Christus durch sein Wort, seine Liebe, seine Sakramente und vor allem durch seinen Heiligen Geist, den von ihm verheißenen Beistand, in seiner Kirche gegenwärtig – zwar nicht gegenständlich sichtbar und greifbar, aber *wirksam*. Die einzelnen Menschen sind nur als Glieder am Leib Christi (Voll-)Mitglieder der Kirche,[21] werden durch die Taufe in diesen Leib eingepflanzt und durch sein Wort und seine Sakramente im Heiligen Geist belebt und genährt. Als Glieder am Leib Christi sind sie nicht nur mit Christus, dem Haupt, verbunden; sie sind auch in Wechsel-Beziehung *miteinander* verbunden. Aus ihrer Verwurzelung in Christus, dem Haupt, bilden sie miteinander den Leib Christi.

Diese Dimension von Kirche ist geheimnisvoll, muss geglaubt werden, daher wird sie auch in Unterscheidung zum individuellen Leib Jesu als „mystischer Leib Christi" bezeichnet. Sie wird verwirklicht im geistlichen Leben ihrer Mitglieder, in der Liturgie, vor allem der Eucharistiefeier, und in dem vom Glauben geformten Leben, Leiden und Handeln der Gläubigen.

2. Kirche ist Gemeinschaft *aus* dem Glauben

Die Glieder des Leibes bilden miteinander in der Welt „das Volk Gottes"[22], die *soziale Gemeinschaft* Kirche, die sich auf Grund des Glaubens bildet und in der die Mitglieder als Glaubende miteinander in Kommunikation treten. Die geheimnishafte Dimension Leib Christi wird dadurch *erfahrbar* als Kommunikations-Gemeinschaft.

Als die eine Weltkirche ist sie eine Großgemeinschaft, in der die Kommunikation auf vielfältige Weise vermittelt ist. Als Gemeinde vor Ort (Pfarrei o. ä.), als Ordens-Kommunität oder als geistliche Gemeinschaft ist sie eine konkrete Gemeinschaft von Menschen, die sich um Christi willen zusammenfinden, nach seinen Weisungen leben und ihn für die Menschen ihrer Umgebung (Nachbarn, Kollegen, Freunde und Verwandte) so gegenwärtig machen, dass diese Christus durch sie begegnen können. Im gemeinsamen Bekenntnis und Austausch, im gemeinsamen Gebet, in gegenseitiger Hilfe und Herausforderung leben sie miteinander als *Kommunikations-Gemeinschaft* den Glauben.

Die konkrete Glaubensgemeinschaft ist nicht einfach eine Untergliederung der universalen Gesamtkirche; sie ist die *Verwirklichung* von Kirche *vor Ort*. Sie ist nicht die ganze Kirche, aber sie ist *ganz* Kirche.[23] Dies gilt im Vollsinn für die Diözesen mit dem Bischof als Nachfolger der Apostel, aber auch für die kleineren Gemeinschaften vor Ort (Pfarrei, Ordenskommunität, geistliche Gemeinschaft etc.), wenn sie in Verbindung mit ihrem Bischof und dieser in der Verbindung mit dem Bischof von Rom als dem Haupt des Bischofskollegiums bleiben.

3. Kirche ist Institution mit hierarchischer Struktur

Wie jede Vergemeinschaftung von Menschen hat auch die Kirche als Glaubensgemeinschaft eine strukturelle Dimension. Ihre Struktur übersetzt die Gliederung des Leibes Christi von Haupt und Gliedern in die soziale Wirklichkeit menschlicher Gemeinschaft. Daraus ergibt sich ihre *Grundstruktur*, die ihren Ursprung in Christus durch die Apostel widerspiegelt und deshalb nicht rein soziologischer

Natur ist. Diese Grundstruktur geht auf die apostolische Zeit zurück und ist durch das Weihe- und Hirten-Amt der Bischöfe als Nachfolger der Apostel in ihrer Einheit mit dem Papst, dem Nachfolger Petri, gegeben.[24] In den Rechtsbüchern der Kirche[25] werden die Rechte und Pflichten ihrer Mitglieder, die Kompetenzen der verschiedenen Organe und die Vorgehensweisen geregelt. Durch diese Verfasstheit ist die Kirche geordnet und handlungsfähig. Bei gleichbleibender Grundstruktur wird ihre institutionelle Gestalt im Laufe der Geschichte modifiziert und weiterentwickelt.

Wenn von „der Kirche" die Rede ist, wird meist diese Dimension der Kirche angesprochen. Um Missverständnisse zu vermeiden, sollte man dann genauer benennen, welche *Instanz* der hierarchisch verfassten Institution man meint, z. B. das Päpstliche Lehramt, die Diözesanleitung, den Katechismusunterricht, den man gehabt hat, oder den Pfarrer.

4. Kirche ist Sendung

Die Kirche ist die Ausbreitung der Heilsinitiative Gottes in Christus zu allen Völkern hin und durch die Jahrhunderte der Geschichte hindurch. Kirche *hat* nicht nur eine Sendung; sie *ist* von ihrem Wesen her *Sendungsgemeinschaft,* die nicht für sich selbst da ist, sondern für Gott und die Menschen. Sie spricht immer neue Menschen an, sammelt sie und gliedert sie als Glieder in den Leib Christi ein. Sie bewahrt dabei ihre Identität und wandelt ihre Gestalt. Sie nimmt Sprachen und Ausdrucksformen der verschiedenen Kulturen auf und sucht sie mit dem Geist Christi zu durchdringen. Dadurch wirkt sie wie ein Sauerteig in die Menschheit hinein. In der Auseinandersetzung mit der Welt und deren Entwicklung dringt sie immer tiefer in ihr biblisches Erbe ein und entfaltet ihre Lehre weiter.

Kirche lebt ihre Sendung in den drei Grundfunktionen Leiturgia (Liturgie: Gotteslob und -verehrung), Martyria (Zeugnis: Verkündigung und Lehre) und Diakonia (Dienst: Einsatz, Anwaltschaft und Hilfe für die Menschen, vorzugsweise die Armen, Notleidenden und Verfolgten).

Zum Zusammenhang der vier Dimensionen:
Die aufgeführten vier Dimensionen von Kirche sind nicht voneinander zu trennen, vielmehr *durchdringen* sie sich gegenseitig. In dem Maß, in dem alle vier Dimensionen entfaltet werden, verwirklicht eine Gestalt der Kirche die Kirche Jesu Christi. Die verschiedenen Dimensionen stehen zwar zueinander in Spannung, schließen sich aber gegenseitig keineswegs aus. Im Grad ihrer Verwirklichung herrscht vielfach ein *Ungleichgewicht*, indem eine der Dimensionen stärker entwickelt ist als andere und diese dadurch in den Hintergrund treten. Immer wieder wurden und werden die Dimensionen auseinandergerissen und Kirche damit gespalten:

Trennung von Leib Christi und Institution Kirche: Dies geschieht – mindestens der Tendenz nach – im Kirchenverständnis der von der Reformation geprägten Kirchen.

Trennung von Glaubensgemeinschaft, vor allem als Gemeinde vor Ort, und Institution Kirche: Dies geschieht – mindestens der Tendenz nach – im pfingstlichen und freikirchlichen Verständnis von Kirche.

Auch in der katholischen Kirche sind die vier Dimensionen im Laufe der Geschichte und in ihren verschiedenen Teilen nicht in gleicher Weise lebendig. So wurde im Hochmittelalter Kirche als Rechts-Institution (3. Dimension) stark entwickelt, während Kirche als Glaubens-Gemeinschaft (2. Dimension) in der volkskirchlichen Gestalt mit der weltlichen Gesellschaft fast identisch wurde und damit als eigene *kirchliche* Dimension in den Hintergrund trat. Bis heute prägt diese Gewichtung unser landläufiges Kirchenverständnis. Das II. Vatikanische Konzil hat die Überbetonung des institutionellen Charakters von Kirche (3. Dimension) überwunden und ihre Wesenszüge als Geheimnis (1. Dimension) und als Sendung (4. Dimension) neu zur Geltung gebracht. Dieses Kirchenverständnis des Konzils ist bei uns jedoch weithin noch nicht eingeholt.

Die Kirche als Glaubens*gemeinschaft* (2. Dimension) ist in der deutschen Kirche unterbelichtet – abgesehen von geistlichen Gemeinschaften und Bewegungen und vereinzelten Ortsgemeinden. Die meisten deutschen Katholiken dürften beim Stichwort „Kirche" zunächst an Papst und Bischöfe denken; dann an den gottesdienstlichen und sakramentalen Service. Pfarreien erscheinen dafür als *Organisations*-Form, in der zwar sehr viel Gutes geschieht, die aber nur selten *Glaubens*-Gemeinschaft geworden ist, das heißt Gemeinschaft, in der der *Glaube* als Orientierung und Kraft für das Leben *miteinander geteilt* wird. Auch in der Kirche ist der *persönliche* Glaube weitgehend Privatsache geworden, und in den Gottesdiensten sind die Gläubigen eher Konsumenten geblieben. Das zeigt sich sprachlich an dem Wort „Gottesdienst-*Besuch*". Den Gläubigen werden keine Gelegenheiten geboten und abverlangt, ihren Glauben ins persönliche Wort, ins Bekenntnis zu bringen. Hier dürfte ein wesentlicher Grund dafür liegen, warum die

„Weitergabe des Glaubens" nicht mehr gelingt. Denn Glaube kann nicht wie eine Sache „weitergegeben" werden. Er muss *bezeugt* werden. Zeugnis heißt, sich mit seiner Über*zeugung* aus dem seelischen Binnenraum herauszuwagen und sich damit dem Urteil anderer auszusetzen.

Die derzeitigen Diskussionen innerhalb der Kirche in Deutschland sind stark von einem Verständnis der Kirche als religiöse und soziale „Service-Institution" bestimmt. Als solche habe sie sich an den Bedürfnissen und Nöten der Menschen zu orientieren. Diese Sicht von Kirche ist zwar nicht völlig falsch, sie übersieht aber, dass *Gott selbst* sich der entscheidenden Nöte der Menschen *schon angenommen* und ihnen in Jesus Christus bereits Abhilfe angeboten hat. *Dieses Angebot* den Menschen nahezubringen ist der *spezifische* Service der Kirche, den sonst niemand leisten kann. Die jeweils in einer Zeit hervortretenden und laut artikulierten Nöte sind eher *Symptome* für die eigentliche Not des Menschen, die tiefer liegt: seine Existenzangst und seine Gottferne. Verkündigung und Pastoral der Kirche sollten die jeweils geäußerten Nöte der Menschen ernst nehmen, nicht aber dabei stehen bleiben, sondern den Menschen dabei helfen, den *Weg* von den Symptomen zur tieferen Ursache zu entdecken und zu gehen. Dazu müssen sich die in der Pastoral Tätigen immer wieder neu in das Zeugnis des Neuen Testaments vertiefen, damit sie ihrer Aufgabe gerecht werden können: „die Heiligen für die Erfüllung ihres Dienstes zu rüsten, für den Aufbau des Leibes Christi" (Eph 4,12, 1. Dimension). Sonst gerät die Kirche in Gefahr, ihre primäre Sendung, *Christus* zu den Menschen zu bringen (4. Dimension), zu vernachlässigen oder sie nach soziologischen Erfolgskriterien auszurichten.

Oft verrät der Sprachgebrauch, wie man Kirche sieht und versteht. So sprechen sowohl Katholiken, die sich als Reformer verstehen, als auch die Medien vielfach von der „Amtskirche". Darin zeigt sich die angesprochene Vorstellung von Kirche als Service-Institution, die mit ihrem „Personal", das heißt den Haupt*amtlichen*, der „Basis" zu Diensten sein muss. Selbst die, die sich als Nicht-Hauptamtliche im kirchlichen Geschehen aktiv engagieren, werden als „Ehren*amtliche*" bezeichnet. So sehr hat sich die Vorstellung festgesetzt, dass es eines Amtes bedarf, wenn man in der Kirche handelt. Dahinter steckt ein Bild von Kirche als einer Behörde. Theologisch gesehen gibt es aber keine Amtskirche; es gibt nur das geistliche Amt *in* der Kirche als Glaubensgemeinschaft, in der *alle*, die als Glieder am Leib Christi dazugehören, mitverantwortlich sind und Kirche durch ihr Zeugnis, Gebet und Leben mitgestalten. Die starke Hervorhebung des geistlichen Amts und damit der Amtsträger, ihre Abgrenzung vom Volk in Lebensform und Kleidung in der Zeit seit dem Konzil von Trient (1545–1563) bis in unsere Gegenwart hinein hat zu dieser einseitigen Vorstellung von Kirche wesentlich beigetragen. In den letzten Jahrzehnten hat sie vielfach eine aggressive Gegenreaktion hervorgerufen, die das Modell der Demokratie mit ihrer Gewaltenteilung unbesehen auf die Kirche überträgt und das geistliche Amt nach dem Modell politischer Mandatsträger *miss*versteht. All dies weist darauf hin, wie wenig die Leib-Christi-Dimension im Denken und Reden über Kirche präsent ist, wie wenig Kirche als echte Gemeinschaft des Glaubens erfahren wird und wie einseitig die Aussagen des letzten Konzils vielfach aufgenommen wurden.

Auch wenn Kirche im Vollsinn in dem Maße verwirklicht ist, in dem alle vier Dimensionen verwirklicht sind, sind sie untereinander doch *nicht gleichrangig*. Die Leib-Christi-Dimension ist die innerste und wesentlichste. Um dieses Geheimnis in der Pilgerschaft durch die Welt zu verwirklichen, braucht es die anderen Dimensionen. Nur wenn diese anderen als *Dienst und Verwirklichung* der 1. Dimension gelebt werden, sind sie wirklich Dimensionen von Kirche. Auch wenn das *Leben* in der katholischen Kirche zu verschiedenen Zeiten unterschiedlich defizitär geblieben ist, gilt doch, was das Konzil von ihr sagt: „Dies ist die einzige Kirche Christi,[26] die wir im Glaubensbekenntnis als die eine, heilige, katholische und apostolische bekennen. Diese Kirche, in der Welt als Gesellschaft verfasst und geordnet, existiert[27] in der katholischen Kirche, die vom Nachfolger Petri und von den Bischöfen in Gemeinschaft geleitet wird."[28] Indem das Konzil von der Kirche Jesu Christi *nicht* sagt: sie „ist" die katholische Kirche, sondern stattdessen formuliert: sie „existiert (lateinisch: subsistit) in der katholischen Kirche", trägt sie der Vielschichtigkeit von Kirche Rechnung. Man kann diese Aussage des Konzils interpretierend so erläutern: Die Kirche Christi ist in der katholischen Kirche *strukturell und sakramental* (nicht existentiell) *vollständig* (nicht vollkommen) verwirklicht.[29]

In allen vier Dimensionen findet sich die Paradoxie von Kirche wieder: Die innere Verbindung der Glieder des Leibes mit dem Haupt und untereinander ist *real*, erscheint aber *nicht sichtbar*. Kirche als Glaubensgemeinschaft und Institution kann zwar mit psychosozialen und soziologischen Kategorien beschrieben werden; aber *gelebt* wird Kirche als Glaubensgemeinschaft und Institution nur richtig, wenn *in* diesen so beschreibbaren Vorgängen der *Geist Christi* als das treibende und leitende Prinzip wirksam wird. Als Sendung wird Kirche nur richtig von ihrem *eschatologischen Ziel* her verstanden: dass durch ihre Sendung Menschen in Christus ihr endgültiges *Heil* finden. Wo dieses Ziel aus dem Blick gerät, drohen Kriterien des soziologisch messbaren Erfolgs allein bestimmend zu werden.

4. Kirche als doppelte Bewegung[30]

Kirche ist kein statisches Gebilde. Sie lebt nur, indem sie sich bewegt. Das betrifft alle vier Dimensionen. Der Leib ist nur Leib, wenn er lebt und wächst. Weil die Kirche als Leib Christi *neuer Bund* ist, mag sie zwar in manchen ihrer Teile älter werden, kann in manchen ihrer Regionen sogar sterben, aber sie wird *als Ganze* nie alt und verjüngt sich stets neu. Als Glaubensgemeinschaft lebt Kirche nur, wenn in ihr Kommunikation läuft, das heißt, wenn ihre Mitglieder über ihren Glauben miteinander im Gespräch sind. Selbst als Institution kann Kirche nur lebendige Kirche bleiben, wenn sie ihre institutionelle Dimension, ihr Recht, ihre Instanzen und ihre Vorgehensweisen, immer wieder überprüft und neu in der jeweiligen geschichtlichen Situation ausrichtet. Denn es ist ein *Ereignis*, aus dem sie entstanden ist. Ein anschauliches Bild dafür ist ein Stein, den jemand in einen See wirft. Von der Stelle aus, wo der Stein ins Wasser fällt, laufen die Wellen über den See, brechen sich an den Ufern und laufen wieder zurück. Der Steinwurf ist das Christus-Ereignis. Von ihm aus gehen die Wellen über den ganzen See der menschlichen Geographie und Geschichte. Kirche – das ist die Wellen-Bewegung, die vom Christus-Ereignis ausgeht. „*Christus* ist das Licht der Völker"[31], und Kirche ist *nur* Sakrament, damit *Christus* in dieser Welt gegenwärtig sei; nicht mehr und nicht weniger. Sie ist die Verbindung zwischen dem *einen* Christus und den *vielen* Menschen aller Orte und aller Zeiten. Die Aufgabe der Kirche ist, „alle Menschen durch seine (Christi) Herrlichkeit, die auf dem Antlitz der Kir-

che widerscheint, zu erleuchten"[32]. Diese Aufgabe übersteigt menschliches Vermögen, sie kann nur in der Kraft
des Heiligen Geistes gelingen. Gott hat sich damit auf ein
ungeheures Wagnis eingelassen. Er hat sein Heilswerk
Menschen anvertraut und ausgeliefert.

Das Licht Christi soll *alle Menschen* auf der ganzen Erde
erreichen, durch alle Jahrhunderte hindurch. Die Verwirklichung hat damals in Jerusalem in der judenchristlichen
Urgemeinde angefangen; dann sprang der Funke nach
Antiochia über, wo die erste heidenchristliche Gemeinde
entstand. Dies war ein gewaltiger Schritt, der zu „heftigen
Auseinandersetzungen" (Apg 15,2) führte. Paulus und
Barnabas brachten die Botschaft nach Kleinasien und dann
nach Griechenland. Andere hatten das Evangelium noch
vor Paulus nach Rom gebracht. So setzt sich die Ausbreitung des Evangeliums fort, bis heute.

Dass sich Kirche in die verschiedenen Länder mit ihrer
unterschiedlichen Geschichte und Kultur hineinbegibt, hat
Auswirkungen auf ihre Gestalt: Sie wird *vielgestaltig*. Denn
Kirche ist kein internationaler Groß-Konzern, der ein und
dasselbe Produkt in der Welt verteilt, damit es von möglichst
vielen konsumiert wird. Glaube ist kein Konsum-Artikel.
Er ist Leben. Nur indem er Menschen umgestaltet und ihr
Leben prägt, wird er von ihnen auf andere überspringen.
Nur durch Zeugnis wird neues Leben gezeugt. Kirche als
Glaubensgemeinschaft ist einem Lebewesen vergleichbar,
das an vielen Orten dieser Erde Lebewesen derselben Art
hervorbringt. Das sind Gemeinschaften, die denselben Glauben *in ihr Leben und ihre Kultur inkarnieren*. Im Laufe der ersten Jahrhunderte nach Pfingsten haben sich so mehrere Zentren entwickelt, von denen aus viele Teil- oder Orts-Kirchen
gegründet wurden, die Christus an den vielen Orten dieser

Erde vergegenwärtigen. Das ist die *eine* Bewegung der doppelten Bewegung, die Kirche ist.

Und die *andere* Bewegung, worin besteht sie? Die Gemeinden, die durch die erste beschriebene Bewegung über den Erdkreis und durch die Geschichte hin entstehen, leben nicht in einem Niemands-Land. Durch sie wird Kirche auch *Teil der jeweiligen Gesellschaft*. Sie kommt zu Menschen, die bereits eine Lebensweise, eine Wertordnung, eine Religion und Weltanschauung haben. Kirche muss sich ihrer Sprache und der damit einhergehenden Sichtweisen bedienen. Es beginnt ein gegenseitiger *Assimilations-Prozess*. Botschaft und Lehre der Kirche prägen die Kultur und Kultur prägt Kirche. Kirche etabliert sich in der Gesellschaft und gerät damit gleichzeitig in Gefahr, zu ihrem „Establishment" zu gehören. Dieser Vorgang ist einerseits unumgänglich, wenn das Evangelium Einfluss auf das Leben der Menschen gewinnen soll. Andererseits droht sie damit von der Gesellschaft als eines ihrer Teile vereinnahmt zu werden. Ihre Botschaft wird dann „domestiziert". Die eschatologische Spannung gerät in den Hintergrund. Dass eine solche Entwicklung im Laufe der Geschichte bis heute immer wieder geschehen ist und geschieht, ist offensichtlich. Man kann geradezu sagen: Je mehr Kirche „Volkskirche", das heißt die Institution für die Religion eines ganzen Volkes, wird, desto mehr gerät das Evangelium in Gefahr, seine Sprengkraft zu verlieren. Der Geist Gottes bewahrt die Kirche in letzter Instanz zwar davor, wesentliche Elemente des Evangeliums aufzugeben; aber eben nur *in letzter Instanz*.[33] In der konkreten Praxis vor Ort, in Katechese und Frömmigkeit kann es durchaus zu Einseitigkeiten, Verengungen und Verlusten kommen.

Deshalb bedarf es in der Kirche einer *zweiten Bewegung*, der ständigen *Erneuerung*. „Damit wir aber in ihm unablässig erneuert werden, gab er uns von seinem Geist, der als der eine und gleiche im Haupt und in den Gliedern wohnt."[34] Diesen Geist kann man aber nicht *haben* in der Weise, wie man das Buch der Bibel *hat*. Er ist vielmehr wie „der Wind, der weht, wo er will" (Joh 3,8). Er klopft an, rüttelt auf, erweckt. Erneuerung im Geist, das heißt – auf die Mitglieder der Kirche bezogen – *Umkehr*. Sich immer wieder neu öffnen für die Maßstäbe des Evangeliums, die in vielen Dingen andere sind als die Lebensgewohnheiten einer Gesellschaft. So hat der Geist im Laufe der Kirchengeschichte immer wieder Einzelne und Gruppen in der Kirche inspiriert und ergriffen, um durch sie Erneuerungs-Impulse in die Kirche hinein zu geben. Er hat dadurch Wahrheiten, die in den Hintergrund getreten waren, neu zur Geltung gebracht; Gaben und Aufgaben, die untergegangen waren, neu lebendig gemacht; neue Erfahrungen aus dem unermesslichen Schatz der Offenbarung geschenkt. Solche Geist-Bewegungen gehen gewöhnlich nicht von Amtsträgern in der Kirche aus. Sie entspringen irgendwo bei einfachen Gläubigen, ziehen Kreise und entzünden andere. Solche Gründer und Gründungsgruppen haben nicht den Ehrgeiz, die Kirche zu „reformieren". Sie sind nur entschlossen, das Evangelium konsequent zu leben. Genauer muss man sagen: *das* vom Evangelium zu leben, was sie *ergriffen* hat; oder noch genauer: das, worin sich für sie das Evangelium kondensiert. Indem sie das als Gruppe in ihrem Leben und Dienst konkretisieren, entsteht ein Modell evangelischen Lebens. Solche Aufbrüche geben – meist ungesucht – eine Antwort auf die „Zeichen der Zeit", auf die geschichtliche Situation, in der sie entstehen.

Dafür gibt es viele Beispiele. Als das Christentum im 4. Jahrhundert Staatsreligion wurde, war es die Mönchbewegung, die auf die Radikalität des Evangeliums aufmerksam machte. In der Verfolgungszeit war es selbstverständlich gewesen, dass Christ-Sein eine Sache auf Leben und Tod ist; das drohte in Vergessenheit zu geraten. Im Hochmittelalter, als Kirche und Welt symbiotisch miteinander verschmolzen waren und das Geld seine Herrschaft antrat, zeigte die franziskanische Bewegung wieder neu, dass Christ-Sein Armut und Buße verlangt. Als im 15. und 16. Jahrhundert die päpstliche und bischöfliche Kirche sich in die Renaissance-Kultur und -Politik immer mehr verstrickt hatte, erstanden viele kleine und größere Reformgemeinschaften, die neuen, zeitgemäßen Schwung in die Kirche brachten: die Theatiner, die Ursulinen, die reformierten Karmelitinnen und Karmeliten, die Gesellschaft Jesu, um nur einige zu nennen. In neuerer Zeit sind die liturgische Bewegung, die charismatische Erneuerung, Focolare, die Gemeinschaften von Charles de Foucauld, das Neokatechumenat, Schönstatt und viele andere zu nennen.

Orden, geistliche Gemeinschaften und geistliche Bewegungen sind zwar – vor allem in ihrer Entstehungsphase – von ähnlichen Grundanliegen beseelt und vom selben Geist bewegt, aber dennoch zu unterscheiden. *Orden* sind feste Gemeinschaften mit verbindlicher Ordnung und definierten Mitgliedschafts-Bedingungen, die ihren Ausdruck in den Gelübden finden. Aus ihrem Gründungs-Charisma entstehen meist ein Männer- und ein oder mehrere Frauenorden. Sie unterscheiden sich voneinander nicht dadurch, dass sie eine jeweils andere Auswahl aus dem *Inhalt* des Evangeliums treffen. Allen geht es um das *ganze* Evangelium. In ihrer Spiritualität setzen sie jedoch unterschiedliche Akzente, durch die ein jeweils anderes *Profil* in der Nachfolge Christi entsteht. So ordnen sich in der benediktinischen Spiritualität mit ihrem Akzent auf stabilitas und „ora et labora" die wesentlichen Elemente christlichen Lebens anders zu einer Lebensform zusammen als in der franziskanischen mit ihrem Akzent auf Armut und Niedrigkeit oder in der ignatianischen mit ihrem Akzent auf Unterscheidung und Entscheidung.

Oft entstehen im Umkreis von Orden *geistliche Laien-Gemeinschaften*, die aus demselben Charisma wie die jeweiligen Orden leben. Am ausgeprägtesten war das beim „Dritten Orden" der Franziskaner, der noch zu Lebzeiten des hl. Franziskus entstand und weite Verbreitung fand (heute „Franziskanische Gemeinschaft"). Um Benediktinerklöster herum gibt es die „Oblaten", die als Laien am Leben des Konvents teilhaben. Die Gesellschaft Jesu hat in den „Marianischen Kongregationen" (heute „Gemeinschaft Christlichen Lebens [GCL]") eine aus derselben Spiritualität schöpfende apostolische Laiengemeinschaft hervorgebracht. In neuerer Zeit sind vielfach parallel zueinander Gruppen zölibatär lebender Personen und Ehepaar-Gruppen aus ein und demselben geistlichen Impuls erwachsen, ohne dass die Ersteren sich als Ordensleute bezeichnen würden. Dies ist zum Beispiel bei der Focolar- und der Schönstatt-Bewegung der Fall.

„Geistliche Bewegungen" entstehen, wenn wichtige Elemente christlichen Lebens in den Hintergrund getreten oder gar ganz aus dem Leben der Kirche verschwunden sind. Klassisch ist das bei der „Liturgischen Bewegung" zu sehen. Über Jahrhunderte wurde in der Kirche gültige Liturgie gefeiert. In ihrer vollen Form wurde sie

jedoch auf Lateinisch nur vom Klerus und von den Ordensleuten praktiziert, während die Laien parallel dazu ihre
Volksfrömmigkeit vollzogen. Von Beginn des 20. Jahrhunderts an wurden Laien von der Sehnsucht ergriffen, an
der amtlichen Liturgie der Kirche, ihrem innersten Vollzug, unmittelbarer teilzunehmen.[35] Unterstützt durch einzelne Priester und Ordensleute, begannen sie, sich die offi-
zielle Liturgie zugänglich zu machen. Sie gaben die lateinischen Antworten, die vorher den Ministranten
vorbehalten waren, lernten gregorianischen Choral zu sin-
gen, bildeten eine „Schola", die Texte in deutscher Übersetzung vortrugen, während sie der Priester am Altar lateinisch betete, und nahmen so aktiv an der Liturgie teil.
Auch mit Hilfe wissenschaftlicher Arbeit gewann diese
Bewegung an Kraft und konnte auf dem II. Vatikanischen
Konzil in dessen erstes Dokument, der „Konstitution über
die heilige Liturgie" „Sacrosanctum Concilium", mün-
den. Ihr Anliegen wurde damit von der ganzen Kirche
aufgenommen. Deshalb gibt es heute keine eigene liturgische Bewegung mehr, auch wenn es weiterhin liturgische Schulung braucht.

Ein Beispiel ganz anderer Art ist die „ökumenische
Bewegung". Sie ist außerhalb der katholischen Kirche entstanden. Die Zersplitterung in verschiedene, untereinander in Konkurrenz stehende Kirchen wurde vor allem in
den Missionsländern als Ärgernis und dem Willen Christi nicht entsprechend empfunden und führte 1908 zur
Gründung des Weltrats der Kirchen. In der Verfolgung
durch den Nationalsozialismus fanden dann katholische
und evangelische Christen im Glauben das Motiv, das sie
zu gegenseitiger Hilfe und zum gemeinsamen Widerstand
bewegte. Danach zog die Bewegung weitere Kreise, vor-

rangig unter Theologen. Schon in der Vorbereitung auf das II. Vatikanische Konzil durch das Einheitssekretariat gefördert, fand sie im Dekret über den Ökumenismus, „Unitatis redintegratio", lehramtliche Anerkennung. Seither ist sie eine integrale Dimension des katholischen Glaubens.

Ein weiteres Beispiel ist die „Charismatische Erneuerung". Sie entstand um die Mitte des 20. Jahrhunderts zunächst in reformatorischen Kirchen in den USA und griff dann auf die katholische Kirche über. Sie erweckte die Geist-Dimension christlichen Lebens zu neuem Leben. Es zeigte sich, dass Gaben und Vollzüge, auch außergewöhnlicher Art, über die man im Neuen Testament lesen konnte,[36] auch heute geschenkt werden: Lobpreis auch in der Form der Glossolalie, Heilungs- und Befreiungsgebet und Prophetie. Schnell verbreitete sich die Bewegung in Form von Gebetsgruppen und größeren Gemeinschaften über den ganzen Erdkreis. Durch Heilig-Geist-Seminare und Jüngerschafts-Schulen sucht sie Menschen für ein Leben zu gewinnen, in dem das Wirken des Heiligen Geistes *erfahrbar* wird.

Auch das Thema „Kirche der Armen" ist eine Art geistliche Bewegung geworden. Von Lateinamerika aus ergriff es noch auf dem II. Vatikanischen Konzil eine Reihe von Bischöfen und fand Eingang in die Kirchenkonstitution.[37] Danach wurde es vom Lehramt der lateinamerikanischen Bischöfe auf ihrer Versammlung in Medellin 1968 als „vorrangige Option für die Armen" aufgenommen und in das Schlussdokument der außerordentlichen Bischofssynode 1985 in Rom integriert. Papst Franziskus hat das Thema mit Nachdruck aufgegriffen. „Kirche der Armen" meint nicht karitative Fürsorge *für* die Armen. Es geht dabei vielmehr darum – im Sinne der Seligpreisungen –, bei den Armen Gott zu suchen; denn er hat sich auf ihre Seite gestellt und sich in Vorliebe für sie entschieden. Diese Vorzugs-Wahl Gottes gilt es nachzuvollziehen. Nicht wenige Gruppen in der Kirche (und auch außerhalb) haben sich von diesem Geist ergreifen lassen. Manche von ihnen haben konkret einen Ortswechsel vollzogen, indem sie ihren Lebensort unter Armen (wirtschaftlich Armen, Ausgeschlossenen, Behinderten) bezogen haben. Viele Basisgemeinden sind von diesem Geist inspiriert worden. Oft sind auch soziale Projekte daraus entstanden, die nicht *für* die Armen, sondern *mit* ihnen und von ihnen aus operieren.

Eine weitere geistliche Bewegung ist das „Neokatechumenat", erwachsen aus den Katechesen von Francisco „Kiko" Arguello 1964 in Madrid. Sein Anliegen ist es, nach dem Muster des Katechumenats der ersten Jahrhunderte den Menschen, die keine wirksame Einführung in den Glauben bekommen und sich nicht dafür entschieden haben, eine solche anzubieten. Dafür hat diese Bewegung einen mehrjährigen stark an der Bibel orientierten Kurs entwickelt, der sie über mehrere Stufen in ein volles, verbindliches Leben mit Christus einführt.

Geistliche Bewegungen sind also darauf angelegt, eine vergessene Wahrheit des Evangeliums oder verloren gegangene Gaben des Geistes neu ins Bewusstsein und in die Praxis der Kirche zurückzuholen. Dafür braucht es Menschen, die diesen Impuls des Geistes in sich aufnehmen und dafür eintreten, damit er Kreise ziehen kann. Sie bilden Gruppen, um selbst zu leben, wofür sie eintreten. Diese Gruppen oder Gruppierungen sind Träger der Bewegung oder „Promotoren" ihres Auftrags. Ziel einer geistlichen Bewegung ist es aber nicht, eine bleibende „Geistliche Gemeinschaft" zu werden. Je mehr sich die Kirche als Ganze ihrem Impuls öffnet und ihn in ihr normales Leben aufnimmt, desto eher wird sie als eigene Gruppierung überflüssig. Leider ist der Widerstand, den solche Bewegungen in den etablierten Ortskirchen finden, nicht selten so stark, dass sie dieses Ziel nicht erreichen. Ihre Gruppen leben dann als eigene geistliche Gruppierung weiter.

Kirche ist also *doppelte Bewegung*: von Christus zu den Menschen; vom Ursprung damals in Jerusalem zu den Völkern der ganzen Erde durch die Jahrhunderte hindurch. Man kann diese Bewegung bildlich als Bewegung in die Breite und Länge der *Fläche* sehen. So gelangt das Evangelium zu den vielen Völkern, so entstehen neue Ortskirchen über den Erdkreis hin. Diese Bewegung ist die Bewegung der Mission oder der Evangelisation. Von der Kirche als Glaubensgemeinschaft gesehen richtet sie sich nach außen, zu denen, die noch nicht Glieder der Kirche sind, um sie in den Leib Christi einzugliedern. Auch diese Bewegung ist Bewegung des Geistes, getragen von Menschen, die kulturelles Neuland betreten, das Evangelium in neue Sprachen übersetzen und in neue Kulturen einpflanzen. Dies ist die *eine* Bewegung. Die andere: Kirche ist Bewegung der *ständigen Erneuerung*, ecclesia semper reformanda. Diese Bewegung richtet sich zunächst nach innen und in die Tiefe. „Die Kirche hat es immer nötig, selbst evangelisiert zu werden, wenn sie ihre Lebendigkeit, ihren Schwung und ihre Stärke bewahren will, um das Evangelium zu verkünden."[38]

Wie verhalten sich diese beiden Bewegungen *zueinander*? Vor allem durch die „geistlichen Bewegungen", aber auch bei neuen Ordensgründungen und „geistlichen Gemeinschaften" sieht sich die etablierte Kirche mit *scheinbar Neuem* konfrontiert. Wenn eine Gruppe die Radikalität des Evangeliums ernst nimmt, wird das von denen, für die christliches Leben *zur Gewohnheit* geworden ist, leicht als Übertreibung und Störung empfunden und die Gruppe zur „Sekte" erklärt. Umgekehrt sind Erneuerungsgruppen in Gefahr, sich als die „Besseren", als diejenigen zu verstehen, die „begriffen haben, worauf es ankommt". So entstehen Spannungen und Konflikte, die manchmal durch menschliche Schwächen der dabei Beteiligten verstärkt werden.

Letztlich stammen beide Bewegungen von ein und demselben Gott, dem Vater, der den Sohn an einem bestimmten Ort zu einer bestimmten Zeit in die Welt gesandt hat, so dass sie sich von diesem Ursprung her durch die Welt und die Zeit ausbreiten muss. Und der Vater sendet den Geist, um die an verschiedenen Orten und zu verschiedenen Zeiten *eingepflanzte* Kirche immer wieder zu *erneuern*. Schon das Wirken Jesu war geistgewirkt; der Geist ist der Geist Jesu, der „von dem, was mein ist, nehmen wird und euch verkünden wird" (Joh 16,14). Die beiden Bewegungen können letztlich also nicht auseinanderdriften und in verschiedene Richtungen führen. Einheit ist keine beliebige Eigenschaft von Kirche, sondern gehört *wesenhaft* zu ihr. Aber diese Einheit ist voller Spannung. Um sie muss immer wieder neu gerungen werden. Wiederum zeigt sich, dass Kirche paradox ist. Ihre Einheit ist nicht Gleichheit aller in einer gleichen Bewegung.

Was heißt das für das Zueinander von Ortskirchen und geistlichen Erneuerungs-Bewegungen? Zuerst muss der Grund gelegt werden, auf dem Kirche steht: „Der Gnade

Gottes entsprechend, die mir geschenkt wurde, habe ich wie ein guter Baumeister den Grund gelegt. … Denn einen anderen Grund kann niemand legen als den, der gelegt ist: Jesus Christus" (1 Kor 3,10–11). Diesen Grund gilt es an den vielen Orten dieser Erde zu legen. Deshalb nennen wir die Kirche „apostolisch". Sie entsteht aus der apostolischen Überlieferung, deren bevollmächtigte Sachwalter die Bischöfe sind. Nur als apostolische Kirche in der Rückbindung an den Anfang in Christus, der im Neuen Testament festgehalten ist, ist sie Kirche Jesu Christi. Erneuerungs-Impulse setzen diesen Grund voraus. Sie können und wollen ihn nicht ersetzen. Insofern kommt der errichteten Ortskirche unter dem Bischof ein *Vorrang* zu. Insofern sind geistliche Gemeinschaften und Bewegungen auf den Dienst der Ortskirche angewiesen. Sie sind nicht autark oder autonom. In Bezug auf die apostolische Überlieferung und auf die Sakramentenpraxis sind sie der ortskirchlichen Ordnung zum Gehorsam verpflichtet.

Umgekehrt sind die Ortskirchen in ihrer Bewegung durch die Zeit auf Erneuerungsimpulse *angewiesen*. Ohne solche Impulse würde ihr Wachstumsprozess zum Erliegen kommen. Wie die Erfahrung zeigt, verhindert die Treue zum Bewährten *allein* den allmählichen Erstarrungsprozess in der Kirche nicht. Es werden dann zwar weiterhin gültige Sakramente gespendet und richtige apostolische Lehre verkündet; aber die Sakramente werden nicht mehr fruchtbar im Leben, und die Lehre zündet nicht mehr. Eine so erstarrte Kirche hört auf, als Sauerteig in die Gesellschaft hineinzuwirken. Auf Dauer verkümmert die Kirche dann entweder zu einem Ghetto ohne Strahlkraft oder zur religiösen Verzierung ohne Wirkkraft.

In Europa, wo die erste Bewegung, die Erstverkündigung des Evangeliums, viele Jahrhunderte zurückliegt, ist weithin die Situation eingetreten, die eben beschrieben wurde: Die Kirche ist zahlenmäßig im Schwinden begriffen und wird von vielen als überholte, aus einer Vergangenheit stammende Institution angesehen. Für nicht wenige, die zwar noch einige ihrer Dienste in Anspruch nehmen, gehört sie zwar irgendwie zu ihrem Leben, hat aber keine prägende Kraft mehr. Deshalb hat vor allem Johannes Paul II. die Kirche in Europa zur „Neuevangelisierung" herausgefordert.

Welcher der beiden Bewegungen ist sie zuzuordnen? Als Evangelisierung zunächst zur ersten Bewegung. Es geht ja darum, das Evangelium „neu" zu verkünden. Das heißt, das Evangelium Menschen, die vielleicht noch ein vages Wissen von seinem Inhalt haben, in seiner *Bedeutung für ihr Leben* neu zu erschließen. Insofern Neuevangelisierung nicht im kirchlichen Niemandsland operiert, sondern dort, wo es bereits eine kirchliche Struktur, Diözesen und Pfarreien gibt, gehört sie jedoch zur zweiten, der Erneuerungsbewegung. Wo Neuevangelisierung derzeit schon in Gang gekommen ist, wird sie deshalb auch vielfach von Vertretern geistlicher Bewegungen und Gemeinschaften getragen. Aber ihr Ziel ist es nicht, „Nachwuchs" für diese Erneuerungs-Gemeinschaften zu gewinnen, sondern Menschen in den christlichen Glauben einzuführen und sie dadurch zu Gliedern am Leib Christi, der Kirche, werden zu lassen. Die *Grundstruktur* des Leibes Christi sind aber die bischöflichen Ortskirchen und nicht geistliche Bewegungen oder Gemeinschaften. Insofern zielt Neuevangelisierung auf die Eingliederung in die Ortskirche. In der Neuevangelisierung werden so die beiden Bewegungen in ihrer *Verwiesenheit aufeinander* besonders spürbar.

Dennoch ist ihre Unterscheidung nicht überflüssig geworden. Denn ihr jeweiliges Einheitsprinzip ist verschieden: Die Ortskirche hat als Grund und Grenze ihrer Einheit den Glauben der Kirche, wie er durch die Konzilien verbindlich formuliert ist. Das lässt viel Raum für unterschiedliche Akzente, Formen und Weisen, ihn zu leben. Erneuerungsbewegungen, seien sie geistliche Bewegungen oder Gemeinschaften, haben ihr Einheitsprinzip in dem, was es *jeweils neu* in die Kirche einzubringen gilt und was ihr *jeweils eigenes* Charisma ist. So muss z. B. nicht jeder Gläubige seinen Glauben mit *besonderem* marianischen Akzent leben; wohl aber jemand, der in der Schönstatt-Bewegung mitmacht. Nicht jeder muss die charismatische Dimension des Glaubens *ausdrücklich* pflegen, wohl aber jemand, der sich in der charismatischen Erneuerung engagiert.

Was sind nun die Kriterien dafür, dass es zu einem guten Miteinander von Ortskirchen und Erneuerungsbewegungen kommt? Nicht die Abwesenheit von Konflikten. Konflikte sind nicht schlecht; der *Umgang damit* kann schlecht sein. Da geht es um Macht und Demut, um Angst und Freimut, um Gespräch und Gehorsam, um Wahrheit und Liebe. Mut, etwas an- und auszusprechen; Demut, etwas anzuhören. Angst ist eine seelische Realität, aber kein gutes Motiv. Der Gehorsams-Forderung sollte das Gespräch vorausgehen; sie ist dort fehl am Platz, wo es nur darum geht, Gewohntes zu erhalten. Gespräch ist immer richtig; aber es muss zu Entscheidungen führen. Tragfähige Entscheidungen kommen nur zustande, wenn die Bereitschaft da ist, sich mit den eigenen Einsichten und

Erfahrungen ein- und unterzuordnen. Wenn alle Beteiligten wirklich daran glauben, dass Gott im Hier und Jetzt seiner Kirche am Werk ist, dann finden sie den jeweils nächsten Schritt im Konsens miteinander.

Im Ringen um die gottgewollte Gestalt der Kirche scheint die etablierte Ortskirche die stärkere Position zu haben. Tatsächlich hat sie die hierarchisch-sakramentale Vollmacht, um Kirche in ihrer Identität zu bewahren. Sie hat diese Vollmacht aber nur *in Übereinstimmung mit dem Bischof von Rom*. Nicht selten war es der Papst, der Erneuerungs-Bewegungen auch gegen den Widerstand einer etablierten Ortskirche gestützt hat. Auch wenn es manchmal länger dauert, bis Konflikte gelöst werden – eine Trennung von der hierarchischen Kirche kommt niemals in Frage. Die Heilsgeschichte lehrt uns, dass Gott seine Intentionen oft nicht auf direktem Weg durchsetzt. Es gilt das Gesetz des Weizenkorns: Wenn es gestorben ist, bringt es Frucht. Geistliche Gemeinschaften und Bewegungen erweisen ihren Ursprung im Heiligen Geist gerade dadurch, dass sie sich diesem Gesetz anvertrauen. Wenn die Partner in der Ortskirche sich auf ihren Glauben besinnen, werden sie durch dieses Vertrauen dafür zu gewinnen sein, sich Erneuerungs-Bewegungen zu öffnen.

5. Kirche aus Juden und Heiden

Die Bewegung von Christus zur weltweiten Kirche begann in Israel, in Jerusalem. Das ist weit mehr als eine geographische Feststellung. Jesus war Jude. Sein Leben und Sterben vollzog sich innerhalb Israels. Er wusste sich „nur zu den verlorenen Schafen des Hauses Israel gesandt" (Mt 15,24). Auch die erste Gemeinde von Christus-Jüngern bestand ausschließlich aus Juden, die ihren Glauben an Christus als Vollendung ihres jüdischen Glaubens verstanden und deshalb ihre jüdische Glaubenspraxis selbstverständlich weiterlebten. *Innerhalb* des jüdischen Volkes, innerhalb der jüdischen Religion formierte sich die Urgemeinde. Diese ersten Jünger Jesu waren Israeliten; sie wollten keine neue Religion gründen. In Jesus erkannten sie vielmehr die Erfüllung der alttestamentlichen Verheißungen. Ihre Heilige Schrift blieb das Alte Testament. Selbst die Gruppe um Stephanus (Apg 6), die sogenannten Hellenisten, bestand aus Juden, die griechische Bildung und Sprache angenommen hatten.

Aber es blieb nicht dabei, dass nur Juden Christus-Jünger wurden. Recht unspektakulär wird in der Apostelgeschichte berichtet: „Bei der Verfolgung, die wegen Stephanus entstanden war, kamen die Versprengten (griechisch sprechende Judenchristen) bis nach Phönizien, Zypern und Antiochia; doch verkündeten sie das Wort nur den Juden. Einige aber von ihnen, die aus Zypern und Zyrene stammten, verkündeten, als sie nach Antiochia kamen, auch den Griechen (also Heiden) das Evangelium von Jesus, dem Herrn" (Apg 11,19–20). Erst hinterher, als durch die erste Missionsreise von Paulus und Barnabas mehrere Gemeinden mit Heidenchristen entstanden waren, scheint die weitreichende Bedeutung dieses Vorgangs bewusst geworden zu sein, so dass es zu „großer Aufregung und heftigen Auseinandersetzungen" (Apg 15,2) kam.

Damit brach der wohl schwerste Konflikt aus, den die Kirche im Laufe ihrer Geschichte zu bestehen hatte, nämlich der Streit darüber, ob die Jüngergemeinde Jesu Christi eine *inner-jüdische Gemeinde* bleiben müsse oder ob Heiden zu ihr gehören könnten, *ohne* sich durch Beschneidung und die Einhaltung der mosaischen Gesetzesvorschriften dem Judentum einzugliedern. Die Auseinandersetzung darüber steht im Zentrum der Apostelgeschichte (Kapitel 15). Darüber hinaus durchzieht die Frage, wie sich Jesu Sendung und Schicksal zum Bund Gottes mit Israel verhält, das ganze Neue Testament.

Nur wenn man den Bund Gottes mit Israel nicht in seiner ganzen Tragweite begreift, kann man sich darüber wundern, dass diese Frage die Gemüter erregte. Kann Gott denn seinen Bund mit Israel ad acta legen oder für zweitrangig erklären? Wenn es keinen Gott außer Jahwe gibt, kann es dann einen anderen Bund mit ihm geben als den mit Israel? Muss man, um mit dem einzigen lebendigen Gott in Beziehung zu treten, nicht seine Ordnung und seine Weisungen annehmen? So musste es für Juden plausibel erscheinen, von den Heiden, die sich Jesus, dem *Messias der Juden*, anschließen wollten, zu verlangen, sich beschneiden zu lassen und die Thora, das Bundes-Gesetz, zu übernehmen. Für Paulus und Barnabas, die Hauptvertreter auf der anderen Seite, ging es dabei um die grundsätzlichere Frage: Werden wir durch den Glauben an Christus gerettet *oder* durch die Erfüllung des Gesetzes? Ist das Christus-Ereignis der entscheidend neue Schritt der Heilsgeschichte, durch den Gott *allen* Heil und Erlösung schenkt, oder ist die Einhaltung des Gesetzes ausschlaggebend – und Jesus nur ein Jünger des Mose?

Die Lösung, die gefunden wurde, war weder die Ein- und Unterordnung der christlichen Gemeinde in das Judentum noch der Bruch mit dem Bundesvolk Jahwes, dem Judentum. Der „neue Bund" – ein Wort aus dem Propheten Jeremia (Jer 31,31) – ruht auf dem Mose-Bund auf und führt ihn fort. Ja, von der *eschatologischen* Bedeutung her, die die Jesus-Geschichte durch seinen Tod und seine Auferstehung bekommen hat, übertrifft und erfüllt dieser neue Bund alles Bisherige und relativiert es. Alle früheren Bundesschlüsse, der mit Noah, mit Abraham und der mit Mose, ja selbst die Schöpfung, werden als Vorstufen und Hinführungen auf ihre Erfüllung in Christus erkannt.

Hinfort gab es *zwei Weisen,* Christ zu sein: als Jude und als (ehemaliger) Heide, als judenchristliche Gemeinde, die weiterhin in den Tempel ging (solange er bestand), sich an das mosaische Gesetz hielt und jüdische Feste feierte, die darüber hinaus aber „an der Lehre der Apostel und an der (neuen) Gemeinschaft, am Brechen des Brotes (der Eucharistie) … festhielt" (Apg 2,42), und als heidenchristliche Gemeinde, deren Mitglieder aus heidnischer Religion und Kultur kamen. Die erste dieser Gemeinden war in Antiochia entstanden (vgl. Apg 11). Dort war der Konflikt offen ausgebrochen. Aber statt sich von den judenchristlichen Wurzeln loszusagen und Kirche für sich zu bilden, „beschloss man, Paulus und Barnabas und einige andere von ihnen sollten wegen dieser Streitfrage zu den Aposteln und Ältesten nach Jerusalem hinaufgehen" (Apg 15,2). Beim Treffen in Jerusalem, dem sogenannten Apostelkonzil, ist wiederum von „heftigem Streit" (Apg 15,7) die Rede. Aber an der *Einheit* der beiden Weisen, Christ zu sein, hält man fest. In seiner Rede stellt Petrus von Seiten der Judenchristen fest: „Wir glauben im Gegenteil (gegen die Behauptungen einiger), durch die Gnade Jesu, des Herrn, gerettet zu werden, auf die gleiche Weise wie jene (die Heiden)" (Apg 15,11). Um dieser Glaubens-Gemeinschaft willen, die auch als Mahlgemeinschaft ihren Ausdruck finden soll, wird beschlossen, den Heidenchristen „keine weitere Last aufzuerlegen als diese notwendigen Dinge: Götzenopferfleisch, Blut, Ersticktes und Unzucht[39] zu meiden" (Apg 15,28–29). Die feierliche Eingangsformulierung „Der Heilige Geist und wir haben beschlossen" (Apg 15,28) dokumentiert die Vollmacht, in der die Kirche solche Entscheidungen zu treffen vermag.

Die Entwicklung ist schnell weitergegangen. Sie führte bald dazu, dass es kein Judenchristentum mehr gab, das als gewichtiger Teil der einen Kirche ihrem heidenchristlichen Teil gegenübergestanden hätte. Dazu haben verschiedene Faktoren beigetragen: der Verlust Jerusalems und des Tempels als Mitte des Judentums, so dass das Judentum – bis zur Gründung des Staates Israel in unserer Zeit – nur mehr als Diaspora existierte; die sich verstärkende gegenseitige Abgrenzung von Judentum und christlichen Gemeinden, die sie schließlich als zwei verschiedene Religionen erscheinen ließ; vor allem die schnelle Ausbreitung des Christentums unter den Heiden, die bald dazu führte, dass die Offenbarung mehr in den Kategorien griechischer Philosophie bedacht wurde als in denen rabbinischer Schriftauslegung, während das synagogale Judentum sich immer mehr auf die Gesetzes-Auslegung konzentrierte. So verlor man in der Kirche allmählich das

Bewusstsein, dass sie ursprünglich aus zwei wesentlich verschiedenen Teilen besteht: aus Juden- und Heiden-Christen.

Dennoch ist die Zweiheit von Christ-Sein als Jude und als jemand, der aus dem Heidentum kommt, *keineswegs nur von historischem Interesse*. Auch wenn es in Christus „nicht mehr Juden und Griechen (Heiden) gibt" (Gal 3,28), weil auf dieser tiefsten Ebene der Einheit in Christus alle Unterschiede aufgehoben sind, so bleibt der Unterschied von Juden und Heiden doch von *relativer* Bedeutung. Die Botschaft von Jesus, dem Christus, trifft auf eine jeweils andere Situation: Für Juden ist sie die *verheißene Erfüllung dessen*, was sie immer schon geglaubt haben, worauf ihre bisherige Geschichte zugelaufen ist. Sie sind schon *als Volk* als die Adressaten dieser Botschaft existent, während Heiden erst *Volk werden müssen*: „Einst wart ihr nicht Volk, jetzt seid ihr Gottes Volk" (1 Petr 2,10). Die Heiden werden Gottes Volk, *indem* sie „vom wilden Ölbaum in den edlen Ölbaum (Israel) eingepfropft" (Röm 11,17) werden. Juden können *Juden bleiben*, wenn sie Christus als Messias anerkennen,[40] während Heiden ihr Heidentum aufgeben müssen, um Christen zu werden. Die beiden haben also ein wesentlich verschiedenes Verhältnis zu *Geschichte und Kultur*: Während Juden ihren heilsgeschichtlichen Weg mit ihrem Gott Jahwe fortsetzen, wenn sie Christen werden, treten Heiden in eine Heilsgeschichte ein, die so nicht ihre Geschichte war, sondern die Geschichte Israels. In dieser Geschichte kommen sie zwar vor, aber eben als die fremden Völker, die Heiden.[41] Sie übernehmen deshalb die Bibel Israels und lernen aus ihr, wer Gott ist: „der Gott Abrahams, der Gott Isaaks und der Gott Jakobs" (Ex 3,6.15). Auch wenn Heiden nicht Juden werden müssen, um Christen zu werden, müssen sie doch von den Juden lernen, was es bedeutet, dass Gott nicht die hinter der Natur verborgene Schicksalsmacht ist, sondern der *in der Geschichte handelnde Gott*, der einen einmaligen Namen, Jahwe, hat, den nicht Menschen ihm gegeben haben. Wenn Heiden Christen werden, nehmen sie also vieles aus dem reichen Erbe Israels für ihre Glaubens-Praxis auf. In der Liturgie, in der Gemeinde-Struktur, für ihre Kommunikation untereinander und v. a. für ihre Lebenspraxis, sprich Ethik und Moral. Während sie im Heidentum eher mit einem *zyklischen*, an der Natur abgelesenen Welt- und Geschichtsbild lebten, müssen sie nun umdenken und Schöpfung[42] und Geschichte als *eine zielgerichtete Bewegung* sehen lernen, die von Gott auf eine endgültige Vollendung hin geführt wird. Das Heil liegt nicht in der Rückkehr „zu den Alten" in der Feier mythischer Überlieferungen. Es liegt auch nicht in der Flucht aus der materiellen Schöpfungswelt, der Verleugnung alles Leiblichen, in eine reine Geistigkeit, wie es der Platonismus, der Neuplatonismus und die daraus entstandene Gnosis propagierte. Es liegt im Eingehen auf das *neue Heilsangebot Jahwes*, des Gottes der Verheißungen. Er ist seiner Schöpfung treu geblieben und erfüllt, was er angekündigt hat, und schafft dadurch eine neue heilsgeschichtliche Situation.

In einem Brief aus dem Gefängnis hat Dietrich Bonhoeffer diesen Zusammenhang folgendermaßen ausgedrückt: „Nur wenn man die Unaussprechlichkeit des Namens Gottes kennt, darf man auch einmal den Namen Jesus Christus aussprechen; nur wenn man das Leben und die Erde so liebt, dass mit ihr alles verloren und zu Ende zu sein scheint, darf man an die Auferstehung der Toten und eine neue Welt glauben; nur wenn man das Gesetz

Gottes über sich gelten lässt, darf man wohl auch einmal von Gnade sprechen, und nur wenn der Zorn Gottes und die Rache Gottes über seine Feinde als Wirklichkeit stehen bleiben, kann von Vergebung und von Feindesliebe etwas unser Herz berühren. Wer zu schnell und zu direkt neutestamentlich sein und empfinden will, ist m. E. kein Christ.'[43]

Der Unterschied zwischen Juden- und Heidenchristen liegt in einem grundlegend verschiedenen Verhältnis zu *Herkunft und Kultur.* Herkunft und Kultur sind für den Menschen von großer Bedeutung und Prägekraft. Denn der einzelne Mensch entsteht, wächst heran und lebt in *einer Gemeinschaft.* Er ist zuerst und zunächst Teil seiner Familie, seines Volkes und seiner Kultur. Von der Sprache angefangen bis zu den alltäglichen Gewohnheiten in Essen, Kleidung, Wohnung, Arbeit und Kommunikation untereinander übernimmt der Einzelne zuerst einmal alles von der Umwelt, in die er hineingeboren ist. Vor allem übernimmt er die *Wertordnung,* die Gebote und Verbote. Das Gewissen ist in seiner inhaltlichen Prägung zunächst die Internalisierung dessen, was man in Familie und Gesellschaft für gut oder böse hält. Gewissen und Ethik stellen aber einen absoluten Anspruch an den Menschen. Sie verweisen ihn über sich und über seine Gemeinschaft hinaus auf eine *absolute Instanz.* Über Jahrtausende der Menschheits-Geschichte war es denn auch die Religion, in der man mit dieser absoluten Instanz in Kontakt zu kommen suchte und Gut und Böse gesellschaftlich begründete.

In Israel hatte sich Jahwe ein Volk, eine Gesellschaft, geschaffen und diesem Volk durch Mose ein Bundes-Gesetz gegeben, das sein Leben ordnen sollte. Anders als in den Naturreligionen, bei denen die Gottheit(en) von der

Natur-Erfahrung her gesucht wurde(n), erkannte Israel seinen Gott als den, der es *mitten aus den Völkern* in *geschichtlicher Situation* erwählt hat. *Er* hat es zum Volk gemacht. Israel „ist kein natürliches Volk, das nachträglich in den Bund ‚assumiert' worden wäre; es existiert einzig und allein von dieser ‚übernatürlichen' Erwählung und Sendung her"[44]. Die religiöse Ordnung Israels beschränkte sich deshalb nicht auf die kultische, also im engeren Sinn religiöse Seite des Lebens, sondern sie umfasste das ganze Leben, v. a. auch die soziale Ordnung. An Israel hatte Gott verwirklichen wollen, wie menschliches Leben in dieser Welt gelebt werden kann und muss. Auch wenn das mosaische Gesetz wegen der Hartherzigkeit des Volkes Konzessionen enthielt, die dem „Anfang der Schöpfung" (Mk 10,6)[45] nicht entsprachen, sollten alle im Blick auf dieses Volk sagen: „Welche große Nation besäße Gesetze und Rechtsvorschriften, die so gerecht sind wie alles in dieser Weisung, die ich (Mose) euch heute vorlege?" (Dtn 4,8). Beim Propheten Jesaja findet sich die Vision von der Völker-Wallfahrt nach Jerusalem: „Viele Nationen machen sich auf den Weg; sie sagen: Kommt, wir ziehen hinauf zum Berg des Herrn und zum Haus des Gottes Jakobs. Er zeige uns seine Wege, auf seinen Pfaden wollen wir gehen. Denn vom Zion kommt die Weisung des Herrn, aus Jerusalem sein Wort" (Jes 2,3). Selbst in der Bergpredigt legt Jesus eigentlich nur bloß, was im Gesetz verborgen schon da war: die Liebe, aus der allein das Gesetz ganz erfüllt wird.[46] Dies gilt auch für das Sabbat-Gebot. Jesus hat es nicht übertreten, sondern in seinem tiefen Sinn erfüllt. So war Jesus der letzte Einsatz Jahwes im Ringen um sein Volk: „Schließlich blieb ihm nur noch einer: sein geliebter Sohn. Ihn sandte er als letzten zu ihnen"

(Mk 12,6). Auch nachdem das Volk Israel in seinen offiziellen Vertretern Jesus verworfen hatte, blieb ein Vorrang
Israels. Paulus sagt zu den Juden in Pisidien: „Euch musste das Wort Gottes zuerst verkündet werden" (Apg 13,46).

Worin besteht nun der *bleibende* Vorrang Israels auch in
der Kirche? Paulus fasst es zusammen: „Sie (die Israeliten)
haben die Sohnschaft, die Herrlichkeit, die Bundesord-
nungen, ihnen ist das Gesetz gegeben, der Gottesdienst
und die Verheißungen" (Röm 9,4). In Israel ist die *einzige
Religion*, die *einzige gesellschaftliche* Ordnung, die einzige
Kultur, von der wir im Glauben sagen können und müssen: Sie ist von Gott. „Die Einheit von Volkstum und
Glaubensgemeinschaft, welche die Einzigkeit Israels ausmacht, ist nicht bloß empirisch-schicksalhaft; hier rührt
das Göttliche an die Menschheit."[47] Diese Ordnung ist
zwar nicht als fertiges Buch direkt vom Himmel gegeben
(wie die meisten Muslime den Koran sehen), sondern in
konkreten geschichtlichen Situationen durch Menschen,
die auf Gottes Anruf eingegangen sind, im Laufe von Jahrhunderten entwickelt worden. Sie ist deshalb auch von diesen Situationen mitgeprägt. Sie ist ein Produkt mannig-
faltiger Auseinandersetzungen mit der Umwelt. Und vor
allem: Sie wurde vom Volk Israel nicht wirklich eingehal-
ten. Dennoch ist sie von Gott inspiriert. Juden müssen sich
deshalb nicht aus dieser Kultur *hinaus*begeben, um Christen zu werden. Sie müssen sich vielmehr tiefer in sie *hinein*begeben. Deshalb heißt es im Johannes-Evangelium:
„Wenn ihr (Juden) Mose glauben würdet, müsstet ihr auch
mir glauben; denn über mich hat er geschrieben"
(Joh 5,46). Deshalb kann man den Alten Bund mit Recht
Ersten Bund nennen. „Denkt nicht, ich sei gekommen,
um das Gesetz und die Propheten aufzuheben. Ich bin

nicht gekommen, um aufzuheben, sondern um zu erfüllen" (Mt 5,17), sagt Jesus nach dem Matthäus-Evangelium, das sonst den Bruch zwischen Israel und Jesus-Gemeinde eher schärfer zeichnet als etwa Lukas und Paulus.[48] Die Heiden hingegen sind aufgewachsen und geprägt von einer Kultur und Gesellschaft, die so charakterisiert wird: „Ihr (Heidenchristen) seid aus eurer sinnlosen, von den Vätern ererbten Lebensweise nicht um einen vergänglichen Preis losgekauft worden" (1 Petr 1,18). Der erste Korintherbrief zeigt an konkreten Beispielen, wie schwer es für Heiden war, sich aus den Sitten und Gewohnheiten ihrer Umgebung zu lösen (vgl. vor allem 1 Kor 5; 6; 8; 10). Es war eine Herausforderung, mit der sich die Gemeinde-Mitglieder täglich auseinandersetzen mussten.

Was bedeutet es dann, wenn wir seit Jahrhunderten kein Judenchristentum mehr kennen, wenn die Kirche faktisch nur noch aus Heidenchristen besteht? Wenn seit dem Mittelalter sogar von der „Christenheit", vom christlichen Abendland, die Rede ist als einer von der Offenbarung inspirierten *Kultur*, die dann keinen Raum mehr hat für die ursprüngliche Kultur-Stiftung Gottes, die Lebensweise nach dem mosaischen Gesetz? War es von daher nicht sogar folgerichtig, dass das im Abendland existierende Judentum nur geduldet, oft jedoch verfolgt wurde – und das, obwohl man gleichzeitig das Alte Testament als Wort Gottes bezeichnet hat?

Das Verschwinden eines wahrnehmbaren Juden-Christentums musste dazu führen – oder hat neben anderen Faktoren wenigstens dazu beigetragen –, dass der christliche Glaube immer mehr den Platz einnahm, den Religionen bei den Heiden eingenommen hatten. Wie dort die Religion die Vorgabe war, von der her Ordnung und

Gesetz einer Gesellschaft letztlich begründet und sanktioniert wurde, so wurde im Mittelalter der christliche Glaube zur Vorgabe, die man annehmen musste, um Vollbürger der Gesellschaft zu sein. Der christliche Glaube wurde zur *Religion der Gesellschaft* – zur Staatsreligion schon im ausgehenden Römerreich und noch mehr zur Volksreligion in den germanischen Gebieten, als das Volk von den Herrschern her das Christentum annahm und Kirche und Klöster die Bildungsträger waren. Wurden die Christen im heidnischen Römerreich als „Atheoi", als Atheisten, verfolgt, weil sie den Staatskult verweigerten und die geltende Religion nicht mitmachten, so wurden im Mittelalter die Nicht-Christen, d. h. vor allem die Juden, ausgegrenzt, weil sie die Staats-Religion, das Christentum, nicht annahmen.

Damit war in Europa ein ganz neues Verhältnis zwischen den drei Größen Religion, Gesellschaft und christlichem Glauben gegeben. Waren vorher (heidnische) Religion und Gesellschaft engstens verbunden und stand der christliche Glaube diesen beiden gegenüber, so war jetzt das Christentum zur maßgeblichen Religion der Gesellschaft geworden. Das entsprach einer verlockenden Vision universaler Einheit und Identität: die *christliche Gesellschaft*. Man kann das europäische Mittelalter als den Versuch sehen, diese Vision zu verwirklichen. Die aufgezeigte Entwicklung hatte schwerwiegende Folgen für Glaube und Kirche: Der eschatologische, endzeitliche Charakter des christlichen Glaubens trat in den Hintergrund und die Kirche wurde Religionsinstitution der Gesellschaft. Das wurde zwar dadurch kompensiert, dass sich die Frömmigkeit stark auf Tod und Jenseits konzentrierte. Kirche wurde dann – und wird z. T. heute noch – als Institution gesehen, um mit Sterben und Tod umzugehen. Aber das war nicht mehr die eschatologische Spannung hin auf das neue Leben in und bei Christus, wie sie das Neue Testament bezeugt. Eine weitere Folge war, dass die freie Entscheidung, den christlichen Glauben anzunehmen, faktisch gegenstandslos wurde. Man wurde in die Kirche hineingeboren. Der Glaube wurde für die meisten zunächst einmal zur Glaubens-*Lehre*. Der Umkehr-Charakter des *Glaubens* (vgl. Mk 1,15) geriet aus dem Bewusstsein. Man kompensierte das, indem die Umkehr-Botschaft vor allem auf das ethische Verhalten bezogen wurde. Erst durch diese Verschiebung konnte die Frage wieder brennend werden, ob der Mensch durch den Glauben oder seine Werke gerechtfertigt werde. Diese Frage stand, wie wir gesehen haben, am Anfang der Auseinandersetzung Judenkirche – Heidenkirche. Sie stand ebenso am Anfang der lutherischen Reformation. So erweist sich die Reformation neben anderen Faktoren auch als Folge der alten Spaltung zwischen Judentum und einer Kirche, die sich nur noch als Heidenkirche entwickelte.[49]

Diese beschriebene Gestalt der Kirche hat sich überall dort, wo sich die große Mehrheit eines Kulturraums als christlich deklarierte, bis in die letzten Jahrhunderte erhalten und die Pastoral als volkskirchliche Pastoral bis in unsere Tage bestimmt. Damit war eine Situation der Kirche entstanden, die nicht nur *de facto* wesentlich verschieden war von der Situation der neutestamentlichen Gemeinden, sondern sich so sehr davon entfernt hatte, dass die Spannung zwischen aktuell *erlebter Kirche* und dem maßgeblichen *Zeugnis des Neuen Testaments* bedrohlich groß geworden war. Auch hierin wird ein Ansatz für die Reformation erkennbar. Denn diese Erfahrung steht hinter der reformatorischen These „sola scriptura", dass allein die Heilige Schrift maßgebliche Quelle für die Offenbarungserkenntnis sein könne.

Das Verhältnis zwischen der Kirche, die faktisch nur noch Heidenkirche war, und dem Judentum hatte sich gegenüber der Anfangszeit der Kirche für lange Zeit *umgedreht*: Damals war Israel – jedenfalls mit seinem Zentrum – noch im Land verwurzelt; die Kirche entwickelte sich hingegen als Diaspora über den Mittelmeer-Raum verstreut. Seit der Zerstörung des Tempels lebte nun Israel als Bundesvolk in der *Diaspora*; das Christentum wurde die *Religion des Landes*, des Römischen Reiches, später des Römischen Reiches deutscher Nation, des Abendlandes, und wird heute immer noch von vielen, z. B. aus islamischer oder hinduistischer Perspektive (in denen religionslose Gesellschaft unvorstellbar ist) fälschlicherweise als Religion des Westens angesehen – mit verhängnisvollen Folgen für die Christen in ihren Ländern.[50] Auch die Existenz eines israelischen Staates hat an der Diaspora-Situation des Judentums nichts wesentlich geändert. Aber gerade als Volk, das über zwei Jahrtausende Diaspora mit Pogromen und einer Shoa durchgestanden hat, ist es für die Kirche wichtig. Es lebt aus seinem *Ursprung* in der Erwählung durch Gott und in der *Hoffnung* auf die endgültige Rettung durch ihn. Wenn es nicht so lebt, droht es zum Machtstaat (in Israel) oder zur wirtschaftlichen Interessen-Lobby (im liberalen Judentum) zu verkommen. Dass das Volk Israel immer noch existiert, „ganz Israel" immer noch nicht „gerettet" ist (Röm 11,26), ist für uns Christen der unübersehbare Hinweis, dass die Verheißungen Gottes *noch nicht ganz erfüllt* sind. Inzwischen ist auch die Kirche fast überall in der Diaspora. Christen müssen lernen, in einer fremden, nicht selten feindlichen Gesellschaft zu leben. Fast überall stehen sie dabei in Konkurrenz zu anderen Religionen und pseudo-religiösen Anbietern. Der Kirche wird so vor Augen geführt, dass sie sich in ihrer Sendung nicht auf gesellschaftliche Mächte stützen kann.

Was wäre in dieser Situation der Gewinn, wenn es in der Kirche eine starke, ausstrahlende Kirche aus Juden als Gegenpol zur Kirche aus den Heiden gäbe? Der Kirche würde ihr *geschichtlicher Ursprung aus Israel* vor Augen stehen. Wie Israel stellvertretend für die vielen Völker erwählt wurde, so ist auch die Kirche *stellvertretend* für die ganze Menschheit erwählt. Die Öffnung für die Heidenwelt bedeutet zwar eine Öffnung der Heilsinitiative Gottes für alle Völker, für die ganze Welt. Aber damit ist die Stellvertretung als *Heilsdynamik* nicht überholt.[51] Durch eine starke Judenkirche würde der gesamten Kirche diese *innere Struktur* der Heilsgeschichte von Anfang an samt ihrer *eschatologischen Perspektive* deutlicher sein. Nur wenn diese Gesamt-Perspektive von der Schöpfung an bis zur noch ausstehenden Vollendung lebendig bleibt – und als *dynamische Kraftquelle* immer wieder lebendig wird –, kann Kirche als das Paradox wie ein *Sauerteig in diese Welt hineinwirken, ohne in ihr aufzugehen.* Dafür muss sie der Versuchung widerstehen, nur religiöse Agentur der Gesellschaft zu sein, in der sie vielmehr als Fremdkörper Frucht bringen soll.

An der Zwei-Einheit von Juden- und Heiden-Kirche könnte der Unterschied zwischen christlichem Glauben und den Religionen wieder *sichtbar* werden. Indem der juden-christliche Teil der Kirche seine jüdische Religion weiter praktiziert, könnte einerseits die Wertschätzung der Religionen durch die Kirche glaubwürdig vorgezeigt werden, da *innerhalb der Kirche* eine bestimmte Religion, die jüdische, gepflegt wird. *Gleichzeitig* demonstriert der heidenchristliche Teil der Kirche, dass der christliche Glaube nicht eine in Herkunft und Kultur verankerte *Religion* ist, sondern auf der neuen *Initiative Gottes in Christus* zu einer ganz bestimmten Zeit vor ca. 2000 Jahren beruht. Kein Volk, keine geschichtlichen Prozesse, sondern eine *einzige Person*, Jesus von Nazaret, ist durch seine Auferstehung Grund der Kirche geworden. Indem die beiden so unterschiedlichen Teile eine Einheit bilden, die gemeinsam Eucharistie feiern kann, wird sichtbar, *wo* die Einheit herkommt: von dem einen Christus. „Denn er ist unser Friede. Er vereinigte die beiden Teile (Juden und Heiden) und riss durch sein Sterben die trennende Wand der Feindschaft nieder. … Er stiftete Frieden und versöhnte die beiden durch das Kreuz mit Gott in einem einzigen Leib. Er hat in seiner Person die Feindschaft getötet" (Eph 2,14–16). Dieser Text greift auf, was in der Geschichte immer wieder aufgebrochen ist: wie tief Feindschaft reicht und welches Potential an Grausamkeit sie mobilisieren kann, wenn sie *religiös begründet* wird. Es bedarf der Hingabe am Kreuz, sie durch Versöhnung zu überwinden.

An der Zwei-Einheit von Juden- und Heidenkirche würde auch deutlich, dass die Kirche von ihrem Anfang an *offener und pluraler* ist als die meisten Religionen, deren Einheit im Ritus, in religiöser Formsprache oder einem bestimmten Gottes*bild* besteht.[52] Das Gottesbild der Christen ist Jesus Christus, „das Ebenbild des unsichtbaren Gottes" (Kol 1,15), der als Haupt viele verschiedene Glieder in einem Leib versammelt. Diese Einheit lässt verschiedene Riten, unterschiedliche theologische Sprachen und verschiedene Kulturen in der einen Kirche zu.

Der seit dem II. Vatikanischen Konzil begonnene Versöhnungsweg mit dem Judentum ist ein verheißungsvoller Anfang, der dringend der Weiterführung bedarf. Diese Weiterführung muss zwei Seiten haben: einmal – wie bereits geschehen – die Anerkennung der israelischen Wurzeln der Kirche und die Vergebungsbitte für das auch durch kirchliches Handeln geschehene Unrecht an den Juden; zum anderen kann die Kirche „unmöglich schweigen über das, was wir (die Apostel, die Juden waren) gesehen und gehört haben" (Apg 4,20), das heißt: Die Kirche muss auch heute *den Juden* ihr Christus-Zeugnis anbieten als die Erfüllung der Verheißungen an Israel, wie es die urkirchliche Verkündigung inklusive Paulus getan hat.[53] Dass die Beziehungen zum Judentum nicht dem Päpstlichen Rat für den „Interreligiösen Dialog" – was vom Konzilsdokument „Nostra Aetate" her nahegelegen hätte –, sondern dem Rat zur „Förderung der Einheit der Christen" zugeordnet wurde, ist ein Hinweis darauf, wie nahe uns die Juden stehen. Ein hoffnungsvolles Zeichen in unserer Zeit ist es, dass es im „messianischen Judentum" judenchristliche Gemeinden und damit Ansätze zu einer judenchristlichen Kirche gibt. Sie willkommen zu heißen und zu fördern könnte ein wichtiger Schritt hin zu einer zukünftigen Kirche aus Juden und Heiden sein.

6. Kirche – stellvertretend für die ganze Menschheit

1. Was ist Stellvertretung?

Wie Israel stellvertretend für die vielen Völker erwählt wurde, so ist auch die Kirche als Glaubensgemeinschaft *stellvertretend* für die ganze Menschheit erwählt. Was Stellvertretung ist, ist uns neuzeitlich-modernen Menschen ziemlich fremd geworden. Das hängt damit zusammen, dass seit Beginn der Neuzeit der einzelne Mensch als Individuum mit einer einmaligen Würde allgemein bewusst geworden ist. Stellvertretung scheint da keinen Platz mehr zu haben; denn jeder und jede hat ja Recht und Anspruch auf Leben und Heil. Jede und jeder ist auch selbst verantwortlich für das, was er oder sie aus dem eigenen Menschsein macht. Wenn jemand an Stelle eines anderen tritt und handeln will, muss dieser andere entweder unmündig, z. B. Kind, sein oder den Stellvertreter ausdrücklich dazu legitimiert haben. Wo das nicht der Fall ist, kommt leicht der Verdacht auf, dass der Stellvertreter einen entmündigt und etwas wegnimmt.

Die biblische Heilsgeschichte jedoch ist von Anfang an vom Prinzip der Stellvertretung bestimmt: Bestimmte Personen sind *für viele andere* Personen („die Vielen" Jes 53,11–12) *heils-bedeutsam.* Dieses Prinzip der Stellvertretung prägt die ganze alttestamentliche Anthropologie, die auch im Neuen Testament gültig bleibt. Sie geht von der Tatsache aus, dass der einzelne Mensch immer in eine Geschichte hineingeboren ist. Seine Existenz und damit alles, was er ist und tut, ist von dieser Geschichte zwar nicht zwangsläufig determiniert, wohl aber *bedingt*. Weil Gott Heil *in der Geschichte* schaffen will, erwählt er einzelne Personen und setzt in ihnen jeweils einen *neuen Anfang*. Dieser Anfang bestimmt die Ausgangssituation für die, die dann kommen. Noch *bevor* sie selber etwas entscheiden oder tun, finden sie ein Angebot vor, das sie ergreifen können. Erwählung eines Einzelnen ist daher immer auch Erwählung für andere. Gott wendet dadurch das Unheil, in das die Menschen geraten waren, und schafft neue Heilsmöglichkeit für sie: in Noah nach der Sintflut (Gen 9), in Abraham nach dem Turmbau zu Babel (Gen 12), in David nach dem Scheitern Sauls (1 Sam 16). Der Stellvertreter *ersetzt* aber die anderen *nicht*. Es geht nicht um *Sach*leistungen, die einer anstelle von anderen erbringen könnte. Das Heil des Menschen wurzelt auf anderer Ebene – auf der Beziehungsebene.[54] Der Stellvertreter eröffnet vielmehr die zerbrochene Beziehung neu; er bricht das verschlossene Tor wieder auf und ermöglicht so den Nachfolgenden, in dieselbe Beziehung zu Gott einzutreten, die durch ihn eröffnet wurde.

Durch sein Tun wird der Stellvertreter zum Beispiel, er wirkt *exemplarisch*. So ist Abraham der „Vater des Glaubens". An ihm und seinem Leben wird ablesbar, was glauben heißt. Noch bevor Gott sich als „Jahwe", als der „Ich-bin-da" offenbart (Ex 3,14), benennt er sich als „Gott Abrahams, Isaaks und Jakobs" (Ex 3,6). Für Mose und alle, die ihm folgen, heißt das: Wenn du lernen willst, *wer* ich bin und *wie* ich der Ich-bin-da bin, dann höre auf die Geschichten, die dir von den Vätern Abraham, Isaak und Jakob erzählt werden. Ihre Beziehungen zu mir sind persönlich ihre, aber in ihnen findest du gleichzeitig exemplarisch das *Modell*, wie man mit mir Beziehung leben kann und soll. Deshalb ist die Heilige Schrift nicht primär ein Lehrbuch, sondern eine *Geschichten*-Sammlung. Sie ist ein Buch der *Verheißungen* und sagt: Wenn ihr mit mir, dem Gott Israels, leben wollt, dann findet ihr in diesen Geschichten, was mit euch geschehen wird, wenn ihr euch auf mich einlasst.

Im Bundesschluss am Sinai empfängt Israel als Volk die Verheißung und den Auftrag, mit Jahwe zu leben. „Mir gehört die ganze Erde, ihr aber sollt mir als ein Reich von Priestern und als ein heiliges Volk gehören" (Ex 19,5–6). In der Thora, dem Gesetz, empfängt Israel die Weisungen, die ausbuchstabieren, was es heißt, mit Jahwe zu leben. Israel soll *stellvertretend und exemplarisch für alle Völker* die Gerechtigkeit erfüllen, die Gott gebietet. Daran sollten alle Völker ablesen können, wie man leben soll. Aber das Volk Israel hat versagt. Dennoch gibt Gott seinen Heilsplan nicht auf.

2. Die Stellvertretung Jesu

In Jesus, dem menschgewordenen Sohn, hat Gott die Berufung Israels *stellvertretend* verwirklicht. Das deutete das Matthäus-Evangelium schon an, als es bei der Rückkehr Jesu aus Ägypten mit dem Satz „Aus Ägypten habe ich meinen Sohn gerufen" (Mt 2,15) den Propheten Hosea zitierte, der mit „Sohn" das Volk Israel bezeichnet hatte (Hos 11,1). Das Evangelium setzt damit Jesus und das Volk Israel in eins. Noch deutlicher wird diese Identifizierung, als Jesus die Sündertaufe des Johannes auf sich nimmt. Denn als der Täufer ablehnen will, Jesus, dem Sündelosen, die Bußtaufe zu spenden, sagt dieser: „Nur so können wir die Gerechtigkeit ganz erfüllen" (Mt 3,15). „Die Gerechtigkeit zu erfüllen" war der Auftrag Israels. Jetzt, in der Taufe des Johannes, bietet Gott seinem sündig gewordenen Volk noch einmal die Chance der Umkehr an. „Zusammen mit dem ganzen Volk ließ auch Jesus sich taufen" (Lk 3,21). Er reiht sich ein in die Reihe der Sünder und wird solidarisch mit ihnen.

Indem Jesus die Sünder-Taufe auf sich nimmt, identifiziert er sich mit dem Knecht Gottes, dessen heilsgeschichtliche Rolle in den sogenannten Gottes-Knecht-Liedern beschrieben wird.[55] Gleich im ersten dieser Lieder heißt es: „Seht, das ist mein Knecht, den ich stütze; das ist mein Erwählter, an ihm finde ich Gefallen … Er bringt den Völkern das Recht" (Jes 42,1). Bei der Taufe Jesu bestätigt die Stimme vom Himmel diese Identifikation: „Das ist mein geliebter Sohn, *an dem ich Gefallen gefunden habe*" (Mt 3,17).[56] Immer wieder wurde darüber gestritten, ob in diesen Liedern mit „Knecht" eine einzelne Person *oder* Israel als Volk gemeint sei. Diese Frage entspringt jedoch erst dem neuzeitlichen Verständnis, das Individuum und Gemeinschaft getrennt voneinander denkt; für den alttestamentlichen Autor war das kein Entweder-Oder. Der Knecht als einzelne Person tritt an die Stelle des Volkes, solidarisch mit den Vielen; in ihm ist das Volk, das versagt hat, gegenwärtig. *Stellvertretend verwirklicht er den Auftrag seines Volkes.* In seinem Wirken, seinem Leiden und seiner Auferstehung verwirklicht Jesus das, was vom Gottes-Knecht gesagt ist. Er hält seine Identifikation mit dem Volk auch dann noch aufrecht, als das Volk ihn verworfen und damit den letzten Versuch Jahwes, sein Volk zu gewinnen,[57] vereitelt hat. Er tritt auch dann noch stellvertretend für das Volk vor

Gott hin. „Er trug die Sünden von vielen und trat für die Schuldigen ein" (Jes 53,12). Damit rettet er den Bund des Volkes mit seinem Gott und wendet die drohende Verwerfung ab.

Als Jesus seine Auslieferung an die Hohenpriester vor Augen hat und sich endgültig entscheidet, sich dem anbrechenden Todesschicksal nicht zu entziehen,[58] sagt er von dem Brot, das er seinen Jüngern reicht: „Das ist mein Leib, der *für euch hingegeben* wird." Und von dem Wein: „Dieser Kelch ist der Neue Bund in meinem Blut, das *für euch vergossen* wird" (Lk 22,19–20, Hervorhebung A. L.). Dieses Geschehen steht im Kontext des jüdischen Osterfestes; das Pascha-Lamm liegt entweder geschlachtet auf dem Tisch (so die synoptischen Evangelien) oder wird zur Stunde, in der Jesus am Kreuz hängt, geschlachtet (so das Johannes-Evangelium). Noch bevor die Feinde Hand an ihn legen, erfüllt Jesus sakramental-real, was vom Gottes-Knecht gesagt ist: „Er wurde ... wie ein Lamm, das man zum Schlachten führt" (Jes 53,7). „Lamm Gottes" ist deshalb der zweite Titel, der im Johannes-Evangelium Jesus gegeben wird (Joh 1,29.36).[59]

Jesu Stellvertretung geht über das hinaus, was Noah, Abraham und David als Stellvertretung gelebt haben. Deren Stellvertretung war exemplarisch und wurde dadurch wirksam *für die Zukunft,* änderte aber nichts an der gescheiterten Vergangenheit. Bei Jesu Opfertod ist das anders. In seinem Leiden und Sterben tritt Jesus an die Stelle derer, die mit Gott gebrochen *hatten,* und liefert sich *für sie* dem Gericht Gottes aus. Genau dazu hat Gott ihn gesandt: „Gott sandte seinen Sohn in der Gestalt des Fleisches, das unter der Macht der Sünde steht, zur Sühne für die Sünde, um *an seinem Fleisch* die Sünde zu verurteilen"

(Röm 8,3, Hervorhebung A. L.). Gott als menschgewordener Sohn, solidarisch mit den Sündern, tritt stellvertretend für sie dem heiligen Gott als Vater gegenüber, der die Sünde hassen muss, weil sie Lüge und Zerstörung ist. Indem Gott, der Vater, Jesus, seinen Sohn, zum Stellvertreter der sündigen Menschheit macht und ihn am Kreuz für uns sterben lässt, vereinigt er, was für uns so schwer zusammenzubringen ist: Gerechtigkeit, die Sünde verurteilen muss, und Barmherzigkeit, die den Sünder annimmt. Es ist ein Vorgang, der nur aus der Drei-Persönlichkeit Gottes heraus möglich ist, der seinen Ursprung in der Liebes-Beziehung zwischen Vater und Sohn im Heiligen Geist hat und diese offenbart.

3. Stellvertretung – kein Automatismus

Weil Jesu Stellvertretung im dreifaltigen Gott ihren Ursprung hat, reicht sie in eine Tiefe, die alles empirisch Fassbare übersteigt – oder besser: „untersteigt" und damit unterfängt. Sie liegt wie die Ursünde Adams *aller Erfahrung voraus*. Wie jene das persönliche Entscheiden und Handeln aller situiert und konditioniert,[60] so situiert Jesu stellvertretende Hingabe das Entscheiden und Handeln aller. Damit seine Stellvertretung für die Einzelnen nicht nur ermöglichende Bedingung bleibt, sondern effektiv *wirksam* wird, dafür ist deren *Glaube* entscheidend. Denn Stellvertretung wirkt *nicht als Automatismus*. Ihre Heilswirksamkeit geht zwar vom Stellvertreter aus zu den anderen hin; aber damit sie sich in deren Leben auswirken kann, muss sie *angenommen* werden. Denn Gott liegt an der freien Entscheidung des Menschen, an seiner Zustimmung zu dem, was Gott in zuvorkommender Gnade ermöglicht. Durch den Glauben *ergreift* der Einzelne selber die ihm durch die Stellvertretung Christi eröffnete Möglichkeit. Mit seinem Glauben sagt der Mensch: Ich willige ein, dass Du an meiner Stelle gehandelt hast; ich ergreife die Versöhnung mit Gott, die Du erwirkt hast, und das neue Leben, das Du mir eröffnet hast. Deine Hingabe für mich gehört fortan zu meiner Identität. So geschieht *Rechtfertigung*, wie Paulus sie in seinen Briefen dargelegt hat.

Der Glaube ist zunächst ein innerer Akt, eine persönliche Entscheidung des Menschen, ermöglicht durch den Geist Gottes. Alles aber, was ein Mensch *nur innerlich für sich* vollzieht, ist noch nicht voll zu seiner Identität geworden. Dazu muss es auch außen, im Kommunikationsraum, in dem der Mensch lebt, hörbar und sichtbar werden. Denn solange eine Überzeugung im Binnenraum der Gedanken bleibt, hat sie noch etwas Vorläufiges; sie ist jederzeit revidierbar. Erst indem sich der Mensch *vor anderen* zum Glauben *bekennt*, kann er von den anderen als der wahrgenommen und angesprochen werden, der er durch seine Glaubensentscheidung geworden ist. Erst dadurch wird seine Glaubens-Entscheidung *für ihn selbst* ganz real. In Bezug auf den Glauben an Christus geschieht dies grundlegend in der Taufe. Sie ist deshalb geradezu „das Sakrament des Glaubens"[61]. Niemand kann sich die Taufe selbst geben – sie wird empfangen. Dadurch wird sichtbar, dass *Gott* an der Person *handelt*; er hat die Initiative. Der Mensch nimmt diese Initiative im Glauben an und entscheidet sich, daraus zu leben. Bevor jemand getauft wird, muss er diesen Glauben *persönlich bekennen*. In der Kinder-Taufe wird die göttliche Initiative besonders deutlich. Aber auch ihr geht immer das Bekenntnis des Glaubens an Christus, den

Erlöser, voraus. Aus diesem Glauben heraus wird die Taufe des Kindes von Eltern und Paten begehrt. Hier kommt noch einmal Stellvertretung ins Spiel: Die Eltern – und in ihrem Auftrag die Paten – treten mit ihrem Glauben an die Stelle des Kindes, das ihnen schöpfungsgemäß anvertraut ist.

Der Glaube an Christus und in seiner Folge die Taufe sind aber keine beliebigen Verzierungen des Lebens, sondern *lebens- und heilsnotwendig*, weil durch sie die Heilstat des Stellvertreters Christus für den Einzelnen wirksam wird. „Wer glaubt und sich taufen lässt, wird gerettet; wer aber nicht glaubt, wird verdammt werden" (Mk 16,16). Denn „niemand kommt zum Vater außer durch mich (Christus)", weil „ich der Weg, die Wahrheit und das Leben bin" (Joh 14,6). Durch Glaube und Taufe wird jemand Glied an seinem, Christi, Leib. Man kann also nicht zu Christus gehören und nicht zu seinem Leib, der Kirche, gehören. Dadurch dass die Kirche Christi Leib ist, hat sie *teil an seiner Heilsbedeutung*. Weil das Heil nicht an Christus, dem Haupt, vorbei erlangt wird, wird es auch nicht *an seinem Leib vorbei* gewonnen.

Aus dem bisher Gesagten ergeben sich zwei Fragen; erst wenn sie beantwortet sind, wird erkennbar, *wie* Kirche stellvertretend für alle wirken kann. Die erste: *Wie* kann Glaube für die heilswirksam sein, die gar *nicht an Christus* glauben? Und die zweite: Ist wirklich auch die *Kirche heils*notwendig, wie es der alte Satz formuliert hat: „extra ecclesiam nulla salus" (außerhalb der Kirche kein Heil)?

4. Der Glaube – heilswirksam auch bei jenen, die nicht an Christus glauben?

In seiner Gerichtsrede (Mt 25,31–46) macht Jesus klar, was der Maßstab für das ewige Heil ist: die *tatkräftige Liebe*. „Was ihr für einen meiner geringsten Brüder getan habt, das habt ihr mir getan" (Mt 25,40). Denen, die das getan haben, sagt er: „Kommt her, die ihr von meinem Vater gesegnet seid, nehmt das Reich in Besitz, das seit Erschaffung der Welt für euch bestimmt ist" (Mt 25,34). Die Angesprochenen zeigen sich davon überrascht. Ihr Handeln war also nicht vom Glauben an Christus, sondern *nur von der Liebe* zu den Menschen motiviert. Damit ist klar gesagt: Es gibt ewiges Heil auch *ohne den expliziten Glauben an Christus*. Gilt dann auch der Umkehrschluss, dass der Glaube an Christus doch nicht heils-relevant sei? Nein, dem widerspricht die ganze Botschaft des Neuen Testaments, knapp und ausdrücklich so formuliert: „Wer glaubt und sich taufen lässt, wird gerettet; wer aber nicht glaubt, wird verdammt werden" (Mk 16,16).

Nun gibt es aber einen Zusammenhang von Glauben und Liebe: Glaube ist empfangende Liebe. Gott hat mit seiner Schöpfung nichts anderes im Sinn, als andere Wesen an seiner Liebe teilhaben zu lassen. Sie erfüllen dann ihrerseits den Sinn ihrer Existenz, wenn sie einander lieben. Seitdem die Sünde, d. h. die Verweigerung von Liebe, in die Schöpfung eingebrochen ist und sie verunstaltet, ist Lieben *schwierig* geworden. Man riskiert damit, im Überlebenskampf dieser Welt den Kürzeren zu ziehen. Wenn Satan „der Herrscher dieser Welt" (Joh 12,31; 14,30; 16,11) ist, dann ist es sogar *gefährlich,* zu lieben; denn er, der „Mörder von Anfang an" (Joh 8,44), trachtet danach, alle zu vernichten, die den Weg der Liebe gehen. Er tut dies, indem er sie „bei Tag und Nacht vor unserem Gott verklagte" (Offb 12,10) – und dies nicht zu Unrecht, denn es gilt: „Wenn wir sagen, dass wir keine Sünde haben, führen wir uns selbst in die Irre, und die Wahrheit ist nicht in uns" (1 Joh 1,8). Wenn es stimmt, dass wir „an die Sünde verkauft" (Röm 7,14) sind, ist es sogar *unmöglich* zu lieben; denn Sünde ist in ihrem Wesen nichts anderes als Liebelosigkeit. Es braucht also eine *übermenschliche* Kraft, die einen *dennoch* lieben lässt. *Diese Kraft ist der Geist.* Er weckt in den Menschen zunächst die Kraft der *Hoffnung.* Die Hoffnung wandelt die im Menschen tief angelegte Sehnsucht nach dem Sieg der Liebe immer mehr in den *Glauben* daran, dass Liebe der Sinn des Lebens und – damit implizit – dass „Gott die Liebe ist" (1 Joh 4,8.16). Dieser Glaube kann anonym sein; selbst ein Mensch, der sich als Atheist ausgibt, beweist als *wirklich liebender,* dass es Gott gibt: Er liebt ja aus einer Kraft, die er nicht aus sich hat, sondern die er – wenn auch unbewusst – empfängt. Im Glauben öffnet sich der Mensch der Liebe Gottes. Glaube ist *Empfangen, Annahme von Liebe.* Aus der empfangenen Liebe heraus vermögen wir Liebe zu schenken. Weil also die gelebte Liebe für das ewige Heil entscheidend ist und diese Liebe wiederum nur aus einem – auch anonymen – Glauben heraus möglich ist, hängen Glaube und Liebe untrennbar zusammen; somit ist auch *der Glaube heilsnotwendig,* weil nur in ihm diese Liebe *möglich* ist. Darum widersprechen sich die oben zitierten Aussagen des Neuen Testaments nicht: „Was ihr für einen meiner geringsten Brüder getan habt, das habt ihr mir getan" (Mt 25,40), denn auch wenn ihr dabei nicht an mich gedacht habt, habt ihr doch unbewusst, aber wirksam aus der Liebe, die ihr empfangen und an die ihr *geglaubt* habt, gehandelt. Und: „Wer aber nicht glaubt, wird verdammt werden" (Mk 16,16), denn er hat die Liebe nicht angenommen, die allein zu *lieben* befähigt.

Der Geist, der die Liebeskraft schenkt, die im Glauben angenommen wird, wirkt also auch in denen, die nicht *explizit* an Christus glauben. *Implizit* meint ihr Glaube Christus aber schon; nur weil sie ihn nicht erkannt haben, vermögen sie sich noch nicht glaubend zu ihm zu *bekennen*. Anschaulich wird dies beim Blindgeborenen. Im Nachgepräch zur Heilung fragt Jesus den Geheilten: „Glaubst du an den Menschensohn? Der Mann antwortete: Wer ist das, Herr, damit ich an ihn glaube? Jesus sagte zu ihm: Du siehst ihn vor dir; er, der mit dir redet, ist es. Er aber sagte: Ich glaube, Herr! Und er warf sich vor ihm nieder" (Joh 9,35–37). Christus ist durch sein Leben und Wirken zum *Zeugen der Liebe schlechthin* geworden. Er ist als Menschensohn[62] in die Lieblosigkeit dieser Welt hinabgestiegen, hat sie ausgehalten und ist *bis in den Tod* treu ein Liebender geblieben. Gott hat ihn dazu gesandt. Gott hat Jesus sogar am Kreuz sterben lassen, damit seine Liebe auch für die angeboten bleibt, die ihn verurteilt haben. Und Gott hat ihn auferweckt und so sein Siegel unter Jesu Leben und Tod gesetzt. An Christus glauben heißt: in ihm, in seiner Treue bis zum scheinbar sinnlosen Tod am Kreuz Gottes Liebe am Werk sehen. Christus verkündigen heißt: auf ihn als den Liebenden schlechthin zeigen. Nach einem solchen Zeugnis, dass die Liebe *doch* der geheime Sinn des Lebens sei, haben sich die Menschen aller Zeiten gesehnt, wie folgender Hymnus sagt: „Christus, göttlicher Herr, dich liebt, wer nur Kraft hat zu lieben; *unbewusst, wer dich nicht kennt*, sehnsuchtsvoll, wer um dich weiß."[63] Christlicher Glaube ist das triumphale Bekenntnis dazu, dass „der Herrscher dieser Welt hinausgeworfen" (Joh 12,31), dass er „gerichtet ist" (Joh 16,11) und dass „der Ankläger … gestürzt wurde" (Offb 12,10).

5. Die Heilsnotwendigkeit der Kirche

Der alte Satz: „extra ecclesiam nulla salus"[64] (außerhalb der Kirche kein Heil) wurde lange Zeit in der Kirche weithin so verstanden, dass Gott das Heil der Menschen dadurch herbeiführt, dass er sie *alle* in die Kirche *hinein*holt. Auch wenn man nicht kategorisch ausschloss, dass auch Menschen, die außerhalb der Kirche nach ihrem Gewissen leben, das ewige Heil erlangen, bestimmte diese Meinung doch die Kirche in Europa über Jahrhunderte und motivierte die Missionierung in der germanischen Welt im frühen Mittelalter und die großen Missionsanstrengungen vom 16. bis zum 20. Jahrhundert. Sie prägte die Pastoral der Kirche als „Volkskirche", in der der christliche Glaube selbstverständlich geworden war und die Verkündigung sich deshalb darauf konzentrierte, wie man leben muss, um „nicht in die Hölle zu kommen". Angesichts der unbestreitbaren Tatsache, dass die Mehrheit der Menschheit bis heute nicht in die Kirche gefunden hat, ist inzwischen die Erkenntnis gewachsen, dass Gott seinen allgemeinen Heilswillen, der auch von der Schrift her unbestreitbar ist,[65] nicht dadurch verwirklicht, dass er *numerisch alle* zur *Voll-Mitgliedschaft* in der Kirche führt.

Dass außerhalb der Kirche kein Heil ist, wird heute in der Theologie so verstanden, dass es zwar Heil auch außerhalb der *formalen Zugehörigkeit* zur Kirche *als Institution* gibt, dass dieses Heil dennoch nicht *ohne Bezug* zur Kirche ist. Das deutet schon das Markus-Evangelium an: „Wer glaubt und sich taufen lässt, wird gerettet; wer aber nicht glaubt, wird verdammt werden" (Mk 16,16). Danach *genügt*, um nicht verdammt zu werden, *der Glaube*; von der Taufe, dem kirchlichen Akt, ist – entgegen dem zu erwartenden Parallelismus – im zweiten Teil des Verses nicht mehr die Rede. Die Heilsnotwendigkeit der Kirche ist also schon nach dem Evangelium *relativiert*. In diesem Sinn hat das II. Vatikanische Konzil die Heilsnotwendigkeit der Kirche ausgelegt. „Zu dieser (im Konzilstext vorher beschriebenen) katholischen Einheit des Gottesvolkes, die den allumfassenden Frieden bezeichnet und fördert, sind alle Menschen berufen. Auf verschiedene Weise *gehören ihr zu oder sind ihr zugeordnet* die katholischen Gläubigen, die anderen an Christus Glaubenden und schließlich alle Menschen überhaupt, die durch die Gnade Gottes zum Heil berufen sind."[66]

Wie kann jemand, der nicht getauft ist, dem Volk Gottes so zugeordnet sein, dass diese Zuordnung für ihn heilswirksam ist? In den Konzilstexten bleibt offen, *wie* das geschieht. Das Konzil betont, dass Kirche in einer von Gott initiierten Heilsbewegung steht, die auf die ganze Menschheit zielt: „So ist denn dieses messianische Volk, obwohl es tatsächlich nicht alle Menschen umfasst und gar oft als kleine Herde erscheint, für das *ganze Menschengeschlecht* die unzerstörbare *Keimzelle* der Einheit, der Hoffnung und des Heils."[67] Das Konzil betont darüber hinaus die Kontinuität zwischen dem Bundesvolk Israel und der Kirche;[68] infolge dieser Kontinuität dürfte auch für die Kirche gelten, was für Israel gilt: dass sie wie Israel *stellvertretend für alle* da ist. Das Konzil betont auch, dass Christ-Sein Teilnahme an der Sendung Christi bedeutet.[69] Dann dürfte auch diese Schlussfolgerung richtig sein: Wenn „es das tiefste Wesen der Kirche ist, mit Christus zusammen der Christus totus, caput et membra (der ganze Christus, Haupt und Glieder), zu sein", und „wenn das Wesen der Sendung Christi die Stellvertretung ist, dann *ist ihr Wesen kein anderes.* Ihr Wesen ist geradezu das ‚Stehen für‘"[70], d. h. *Stellvertretung.*

Wie kann die Kirche *durch Stellvertretung heilswirksam* sein für die, die nicht zu ihr gehören?

Die Kirche ist es, indem sie ihren Glauben an Christus, den Liebenden, *vor allen* und *für alle bezeugt.* Zwar „kann die Agape (die Liebe) kraft der Wirksamkeit des göttlichen Geistes, der weht, wo er will (Joh 3,8), auch außerhalb der Kirche angetroffen werden"[71]. Aber es bliebe dann *verborgen, woher* diese Agape kommt. Weil die Auferstehung Christi kein öffentliches Ereignis innerhalb der menschlichen Geschichte war, bliebe dann auch verborgen, dass diese Agape *gesiegt* hat und keine Illusion ist. Aus beiden Gründen braucht es das *öffentliche Zeugnis.* Der „Sinn der Kirche ist demnach im besonderen, die *öffentliche Darstellung* der Agape vor dem Angesicht der Welt zu sein"[72]. So *bekennt* die Kirche *stellvertretend* für alle – also auch für die, die nicht zu ihr gehören –, *woher* die Liebe kommt, *wer* die Liebe ist und dass diese Liebe gesiegt hat.

„Weil Kirche wesentlich nicht für sich, sondern für die anderen da ist, weil sie also nie eine gegen die anderen abgeschlossene, sondern eine offene Größe ist, deshalb muss sie *Mission* treiben."[73] Kirche kann sich nicht damit *begnügen,* dass sie schon durch ihre Stellvertretung für die andern heilswirksam ist. Sie muss aktiv über sich hinaus streben, damit diese anderen *Christus als die Quelle* ihres

Heils finden und ihr anonymer Glauben zum vollen Glauben wird, in dem sie „den Namen des Herrn anrufen"[74]. Weil der Geist, aus dessen Gnade überhaupt geglaubt werden kann, der Geist Jesu Christi ist, drängt er die Kirche zur Mission, damit aus dem anonymen Glauben vieler ein *ausdrücklicher Glaube* wird. Der Geist ist es auch, der die vielen dazu befähigt, Christus zu erkennen und sich zu ihm zu bekennen: „Keiner kann sagen: Jesus ist der Herr!, wenn er nicht aus dem Heiligen Geist redet" (1 Kor 12,3).

Wiederum wird deutlich, wie grundlegend zum rechten Verständnis der Kirche der Satz zu Beginn der Kirchenkonstitution ist: „Die Kirche ist ja in Christus gleichsam das *Sakrament*, das heißt *Zeichen und Werkzeug* für die innigste Vereinigung mit Gott wie für die Einheit der ganzen Menschheit."[75] „Vereinigung mit Gott und der ganzen Menschheit" ist das Ziel der Schöpfung als *verwirklichte* Liebe; dies ist das Reich Gottes. Die Kirche als Institution *ist nicht* die verwirklichte Liebe selbst; sie ist nur *Sakrament* für das Kommen des Reiches. Als Sakrament wirkt sie als „Darstellung" und „Zeichen" für die Liebe Gottes in Christus. Sie ist sogar bleibender „Quellort"[76] dieser Liebe. Das ist sie auch dort, wo diese Liebe in ihr selbst nicht verwirklicht wird. In ihrer Liturgie, ihrer Verkündigung und ihrer Diakonie hält sie die Liebe Gottes als *Angebot* in dieser Welt gegenwärtig, so dass man es finden kann.

6. Folgerungen für Pastoral und Verkündigung

All das bisher Gesagte hat Konsequenzen für Pastoral und Verkündigung. Über Jahrhunderte bis in unsere Zeit bemühte man sich in der Kirche vor allem, möglichst schnell *viele* in die Kirche als Institution zu holen – im Modell der Volkskirche: *alle* eines Kulturraums – im Vertrauen darauf, dass sie dann *am besten zum Heil* finden. Die Zeichen unserer Zeit, zu denen die kritische Skepsis allen Institutionen gegenüber gehört, verlangen demgegenüber eine Akzent-*Verlagerung* von dieser *quantitativen* Zielsetzung hin zur *qualitativen*; denn Kirche wird als Stellvertreterin in dem Maße wirken, als sie *exemplarisch verwirklicht*, was Leib-Christi-Sein meint. „Ihr werdet meine Zeugen sein … bis an die Grenzen der Erde" (Apg 1,8). Und: „Wie ich euch geliebt habe, so sollt auch ihr einander lieben. Daran werden alle erkennen, dass ihr meine Jünger seid" (Joh 13,35). *Glaubwürdiges* Zeugnis für Christus und seine Liebe zu geben, darauf muss der Akzent im kirchlichen Leben gelegt werden. Das Konzil hat diese Akzent-Verlagerung eingeleitet; Pastoral und kirchliche Verwaltung bei uns haben sie vielfach noch nicht eingeholt. Deshalb sei noch einmal daran erinnert, dass die Kirche als Institution dazu dient, als *Glaubensgemeinschaft zu leben und zu bezeugen,* was Leib Christi ist.[77]

Von der Verkündigung verlangt die genannte Akzent-Verlagerung, klarzumachen, dass man nur dann wirklich Christ ist, wenn man es nicht *für sich allein* ist. Glied am Leib Christi sein heißt, begreifen, dass man mit anderen in Schicksalsgemeinschaft steht. „Wenn darum ein Glied leidet, leiden alle Glieder mit, wenn ein Glied geehrt wird, freuen sich alle anderen mit ihm" (1 Kor 12,26). In der Nachfolge Christi wird diese Schicksalsgemeinschaft zur Teilnahme an Christi *Stellvertretung.* In diesem Sinn sagt der Kolosserbrief: „Jetzt freue ich mich in den Leiden, die ich für euch ertrage. Für den Leib Christi, die Kirche, ergänze ich in meinem irdischen Leben das, was an den Leiden Christi noch fehlt"

(Kol 1,24). Wie die Stellvertretung Christi in Tiefen hineinwirkt, die unsere Wahrnehmung nicht ergründet, so wird auch unsere Teilnahme an seiner Stellvertretung tiefer reichen, als wir sehen können. Davon gibt eine weitverbreitete Volksfrömmigkeit Zeugnis. Sie lebt aus der Überzeugung, dass es einen inneren Zusammenhang der Menschheit gibt, den man mit dem Blutkreislauf im Körper vergleichen kann. In der Herz-Jesu-Frömmigkeit des 17. bis 19. Jahrhunderts hat dieser Glaube starke Impulse bekommen. Die Enzyklika „Mystici corporis" (1943) hat diese Impulse aufgegriffen.[78] Während und nach dem Zweiten Weltkrieg war die Frömmigkeit vieler in Deutschland davon geprägt.[79] In der nachkonziliaren Zeit ist sie vielfach in den Hintergrund geraten, in einzelnen Gruppierungen jedoch umso eifriger gepflegt worden. Alle Glieder des Leibes Christi nehmen also teil an der Stellvertretung Christi. Dies gehört zum allgemeinen Priestertum, zu dem alle Glaubenden berufen sind. Für die, die geweihte Amtsträger sind, ergibt sich eine spezielle Art der Stellvertretung Christi. Sie vergegenwärtigen Christus *der Gemeinde gegenüber,* wenn sie in seiner Vollmacht Sakramente feiern und sein Wort verkündigen.[80]

Wenn man Kirche als Stellvertreterin für die ganze Menschheit begreift, dann ergibt sich daraus für jedes Mitglied der Kirche eine *große Würde.* In jeder Eucharistiefeier vertritt jeder, der mitfeiert, die vielen, die nicht da sind. Denn jede Gemeinde und jede Gemeinschaft der Kirche feiert immer auch für die anderen, die noch nicht dazu gehören. Die Feiernden treten mit ihnen und für sie vor Gott. Sie dürfen sich bewusst sein, dass sie damit an dem großen Heilswerk mitwirken, das Gott für die ganze Menschheit unternommen hat.

7. Die Kirche und die Religionen

Wenn die Kirche stellvertretend für die ganze Menschheit ist, dann bedeutet das auch etwas für ihr Verhältnis zu den Religionen. Sah man früher in anderen Religionen vor allem Irrtum und Götzendienst und drohte ihren Anhängern mit der Verdammnis, wenn sie Christus nicht annehmen, so hat das Konzil eine andere Sicht gefunden. Vom allgemeinen Heilswillen Gottes her sieht das Konzil in allen Religionen Elemente zum Heil der Menschen.[81] Dass Gott seinen Heilsplan dadurch verwirklicht, dass er *innerhalb der Geschichte* alle anderen Religionen durch das Christentum *ersetzt,* davon können wir heute nicht mehr ausgehen. Die vielen Religionen bestehen nicht nur weiterhin. Zu den „Zeichen der Zeit" gehört ihr Wiedererstarken. Nach einer Periode des Niedergangs haben viele von ihnen neue Vitalität entwickelt, wie z. B. der Islam, der Buddhismus und der Hinduismus. Und sie leben nicht mehr in voneinander abgeschlossenen geographischen Räumen. Die Welt hat sich zur „einen Welt" entwickelt. Daran waren die christliche Mission und der europäische Kolonialismus wesentlich beteiligt, wie in neuerer Zeit der Tourismus, die Migrations-Bewegungen und das Internet.

In neuester Zeit ist *Feindschaft* mit religiöser Begründung ein brennendes Thema geworden. Gewaltbereite Islamisten bedrohen die Welt; inner-islamische Auseinandersetzungen spalten Teile der Welt und stürzen sie in Krieg; der Dauerkonflikt zwischen Israel und den Palästinensern hält die Welt in Atem; Christen werden in mehreren Ländern um ihres Glaubens willen verfolgt. Wo steht die Kirche in diesen Konflikten? Wie soll sie auf diese Situation antworten?

Indem die Päpste die Ansätze des II. Vatikanischen Konzils aufgriffen, haben sie schon seit Paul VI. in zweifacher Weise reagiert: zum einen indem sie Gewalt im Namen der Religion verurteilt und die *Religions-Freiheit* als Grundrecht des Menschen herausgestellt haben; zum andern, indem sie den *Dialog* mit allen religiösen Kräften pflegen, fordern und fördern. Damit haben sie auch klargemacht, dass Kirche und christlicher Glaube nicht mit der westlich-säkularen Welt und ihren Anschauungen *identisch* sind. Die Kirche lässt sich dabei leiten vom biblischen Schöpfungsglauben und vom darin verankerten Naturrecht, das sowohl die personale Freiheit des Einzelnen, die Einheit des Menschengeschlechts wie die Verpflichtung des Menschen auf die Schöpfungsordnung enthält. In ihrem Einsatz für die Menschen wird die Kirche darüber hinaus von dem Glauben an die Liebe Gottes motiviert, der uns nicht erlaubt, diese Welt einfach dem „Herrscher dieser Welt" (Joh 12,31; 14,30; 16,11), dem „Menschenmörder" (Joh 8,44), zu überlassen. Während also früher eher eine feindliche Konkurrenz zwischen christlichem Glauben und anderen Religionen herrschte, ist an deren Stelle von Seiten der Kirche eine neue Art des Miteinanders getreten. Schon immer haben Katholiken *als Einzelne* und in einzelnen Gruppen die „unter die Räuber Gefallenen" (vgl. Lk 10,25–37) nicht ihrem Schicksal überlassen. Sie arbeiten dabei schon lange mit „Menschen guten Willens" anderer Religionen und Weltanschauungen zusammen. Und sie tun es im Sinne von Mt 25,31–46 ohne missionarische Nebenabsichten. Neu in den letzten Jahrzehnten ist, dass die Kirche *als Glaubensgemeinschaft und Institution offiziell* mit anderen Religions-Vertretern und -Institutionen zusammenarbeitet und an deren Verantwortung für die Menschheitsfamilie appelliert. Dabei geht es vor allem um Gerechtigkeit und Frieden. Von der öffentlichen Meinung wird dieses Engagement bei uns weitgehend begrüßt, während „Mission" verdächtigt wird, Unfrieden zu stiften. Ist die Kirche damit auf dem Weg zu einer *Super*-Religion? Oder ist sie eine Art *bessere UNO* – besser, weil sie nicht von nationalen Regierungen abhängig ist, die ihre jeweiligen Eigeninteressen verfolgen? Ist dann alle *Konkurrenz* mit anderen Religionen überwunden?

Die Antwort ist ein klares Nein. Nach wie vor gilt der Missionsauftrag: „Geht zu allen Völkern, und macht alle Menschen zu meinen Jüngern; tauft sie" (Mt 28,19). Die Martyria, die Verkündigung, ist nicht durch Diakonia, Dienst am Nächsten, zu *ersetzen*; nicht Entwicklungshilfe *statt* Mission. Nicht *nur* Praxis der Liebe, *sondern auch* Verkündigung des Glaubens. Die Kirche muss *beides* tun: Sie muss an ihrem Missionsauftrag festhalten *und* sie muss, soweit sie vermag, mit anderen zusammen für mehr Frieden, Gerechtigkeit und Bewahrung der Schöpfung arbeiten. Sie ist *in* der Welt, aber *nicht von* der Welt und hat einen Auftrag, der *über* diese Weltzeit *hinaus*reicht. Indem sie beides tut, verwirklicht die Kirche bereits, dass der christliche Glaube nicht einfach *eine Religion neben* anderen ist, auch wenn der Relativismus unserer Zeit das so sieht. Dennoch ist die Konkurrenz mit anderen Religionen nicht einfach vom Tisch. Die *Wahrheitsfrage* kann zwar um des gemeinsamen Einsatzes willen *zurückgestellt* werden, verleugnet werden kann sie aber nicht. Denn die missionarische Verkündigung lebt aus dem Glauben an die *Wahrheit des Evangeliums*. Wiederum zeigt sich, dass Kirche einen paradoxen Auftrag hat: den missionarischen Auftrag, Christus als *die* Wahrheit zu bezeugen und anzubieten, *und* mit anderen unter Zurückstellung der Wahrheitsfrage zum Wohl der Menschen zusammenzuarbeiten.

8. Dialog als gelebte Stellvertretung

Schon im Konzil wurde ein Weg benannt, wie mit diesem paradoxen, widersprüchlich scheinenden Doppel-Auftrag umzugehen ist: *im Dialog.* „Die Kirche wird kraft ihrer Sendung, die ganze Welt mit der Botschaft des Evangeliums zu erleuchten und alle Menschen aller Nationen, Rassen und Kulturen in einem Geist zu vereinigen, zum Zeichen jener Brüderlichkeit, die *einen aufrichtigen Dialog* ermöglicht und gedeihen lässt. ... Wir wenden uns dann auch allen zu, die Gott anerkennen und in ihren Traditionen wertvolle Elemente der Religion und Humanität bewahren, und wünschen, dass ein *offener Dialog uns alle* dazu bringt, die Anregungen des Geistes treulich aufzunehmen und mit Eifer zu erfüllen. Der Wunsch nach einem solchen Dialog, geführt einzig aus Liebe zur Wahrheit und unter Wahrung angemessener Diskretion, schließt unsererseits niemanden aus, weder jene, die hohe Güter der Humanität pflegen, deren Urheber aber noch nicht anerkennen, noch jene, die Gegner der Kirche sind und sie auf verschiedene Weise verfolgen."[82] Dass der gemeinsame Dienst für die Menschheit nur im Dialog möglich ist, liegt auf der Hand. Aber auch die Verkündigung des Evangeliums, Mission, geschieht prinzipiell als Dialog. Weil „die Wahrheit nicht anders Anspruch erhebt als kraft der Wahrheit selbst, die sanft und zugleich stark den Geist durchdringt",[83] kann Evangelisierung nur in einer Haltung geschehen, die die *Freiheit* der Adressaten respektiert, die Wahrheit des Evangeliums anzunehmen oder nicht.

Die Kirche folgt damit dem Beispiel Christi, des Sohnes Gottes. „Er war Gott gleich ... und wurde ... den Menschen gleich" (Phil 2,6–7). Er hat sich auf *Augenhöhe* – wie man heute gerne sagt – unter die Menschen begeben, um mit ihnen Dialog zu führen. Dialog ist „Wechselrede"[84]; Dialog gibt es nur, indem man sich gegenübertritt und einander als Personen mit gleichem Grundrecht anerkennt. Wenn er echt geführt wird, tritt man wechselweise *an die Stelle* des Dialogpartners und versucht so mitzuvollziehen, was er/sie mitteilt. Erst *nachdem* man so zugehört hat, wird das eigene Wort zur *Ant-Wort*. Indem Jesus das tat, wurde er im doppelten Sinn Stellvertreter: Stellvertreter Gottes bei den Menschen und Stellvertreter der Menschen bei Gott. Indem Kirche Mission betreibt, folgt sie der Sendung Christi vom Vater zu den Menschen; indem sie mit anderen auch anderer Religionen in und für das Wohl der Menschen wirkt, folgt sie der liebend-heilenden Gegenwart Christi bei ihnen. Am meisten tut sie dies, wenn sie um ihres Bekenntnisses willen am Leiden Christi teilnimmt. *Dialog ist also eine Weise, wie Kirche ihre Stellvertretung lebt.* Wie Christus aber auch nicht einfach ein Mensch wie die anderen Menschen, sondern der „Menschensohn" ist, so ist das Christusbekenntnis der Kirche nicht einfach eine Religion wie die anderen Religionen, sondern die *definitiv wahre Religion.* Sie muss diese Wahrheit freilassend *bezeugen*, ob sie angenommen wird oder nicht. Zeugnis heißt griechisch Martyria, wovon das Wort Martyrium kommt, d. h. Zeugnis mit der Hingabe des Lebens. „Wo sie (die Kirche) den Weg ihres Herrn geht, wo sie geringgeschätzt, bekämpft, verfolgt ist in dieser Welt, wo die Liebe das Letzte von ihr fordert, … da beginnt ihr Antlitz wieder zu leuchten vom Widerschein der kommenden Welt."[85]

9. Stellvertretung Mariens

Gott will sowohl als Schöpfer wie als Erlöser, dass seine Geschöpfe an seinem Werk mitwirken. So hat er auch bei der Menschwerdung seines Sohnes nicht einfach nur von sich aus gehandelt, sondern wollte die Menschheit einbeziehen. Deshalb, so dürfen wir glauben, hat er Maria *gefragt*. Er hat ihre Zustimmung eingeholt zu dem, was er mit ihr und durch sie tun wollte. Dies ist im Evangelium von der Verkündigung erzählt (Lk 1,26–38). Maria, die von dem Ansinnen völlig überrascht scheint, fragt nach. Sie ist ihrer Würde als Person bewusst. Ihr Selbstbewusstsein verdient Beachtung. Gott geht durch den Engel auf ihre Frage ein. Obwohl ihre Lebensplanung durch die Schwangerschaft durcheinandergerät, willigt Maria gehorsam ein.

Von diesem Ja Marias hängt die Erlösung ab. Gott hat mit seiner zuvorkommenden Gnade ihr Ja ermöglicht und getragen. Dies ist der Sinn des Festes von der „unbefleckten Empfängnis Mariens" (8. Dezember). Aber es ist ebenso *ihr freies Ja*. Sie steht also an einer Schlüsselstelle im Heilsplan Gottes. Sie eröffnet in besonderer Weise die neue, definitive Heilsmöglichkeit in Christus für die ganze Menschheit. „Sie hat beim Werk der Erlösung in durchaus einzigartiger Weise … mitgewirkt zur Wiederherstellung des übernatürlichen Lebens der Seelen."[86] Sie tut dies *stellvertretend* für die ganze Menschheit.

Dadurch hat Maria auch eine besondere, einmalige Bedeutung für die Kirche. Sie ist nicht nur irgendeine Heilige, und wäre es eine besonders große. Durch ihren Glaubensgehorsam ist sie zum „Urbild der Kirche"[87] geworden. Ihr Glaube ist exemplarisch; sie ist die Mutter der Glaubenden. Sie verwirklicht genau das, wofür die Kirche steht: zu empfangen, was Gott für die Welt tut, und es weiterzugeben. Sie ist dadurch auch das Gegenbild zu Eva, die nicht glaubend Empfangende blieb, sondern die Frucht ungehorsam an sich und Adam mit in den Abgrund riss. Maria zu verehren heißt deshalb vor allem, ihren Glauben nachzuahmen.

7. Inkulturation und Exkulturation

Der Ruf nach Inkulturation des christlichen Glaubens wurde – unter diesem Stichwort – wohl erst im 20. Jahrhundert erhoben. Er erklang, nachdem im 19. und in der ersten Hälfte des 20. Jahrhunderts eine gewaltige Ausbreitung des Christentums in Afrika und Asien stattgefunden hatte. Diese Missionierung stand im Zusammenhang damit, dass fast ganz Afrika und große Teile Asiens zu Kolonien europäischer Mächte geworden waren. Von den Kolonialmächten vielfach gefördert, stützte sich diese Missionierung stark, wenn auch keinesfalls ausschließlich, auf Kranken-Fürsorge, Schulen und Katechismus-Unterricht nach europäischem Muster. Das Christentum musste den Einheimischen deshalb als Religion der Europäer erscheinen. Es kam ja aus Europa, das als christlich galt, wurde von europäischen Missionaren verkündet und kam in europäischen Kultur-Formen auf sie zu. Auch wenn die Missionare im Einzelnen auf die einheimische Kultur einzugehen versuchten, geschah dies in einem Klima, in dem die westliche Zivilisation als überlegen erschien. Wenn man Christ wurde, eröffnete das auch leichter einen Zugang zu Karriere in Verwaltung und Bildungswesen. So kann man zusammenfassend und vergröbernd sagen: Die extensive Missionierung im 19. und 20. Jahrhundert *exportierte* das *europäische* (katholische und evangelische, also auch gespaltene) *Christentum* nach Afrika und Asien.

Geschichtlich waren dieser Bewegung zwei wichtige Entwicklungen vorausgegangen. Zum einen war die *Vielgestalt* von Kirche, die in den ersten Jahrhunderten bestanden hatte, in der missionarischen Ausbreitung des christlichen Glaubens kaum zum Zuge gekommen.[88] Denn durch die Ausbreitung des Islam standen drei der fünf alten Zentren, nämlich Jerusalem, Alexandria und Antiochia, seit dem 7. Jahrhundert unter islamischer Herrschaft und konnten keine missionarische Kraft entfalten. Das vierte Zentrum, Byzanz, konnte sich nur im slawischen Raum ausbreiten und geriet durch den vordringenden Islam immer mehr in Bedrängnis, während sich der lateinische Teil der Kirche mit Rom als Mittelpunkt in Zentral- und Westeuropa mächtig entfaltete. Dort waren der christliche Glaube zur Religion des Volkes und die Kirche zu ihrer Institution geworden. Darüber hinaus wurden Klöster und Kathedral-Kapitel zu den Bildungsträgern schlechthin. Sie überlieferten nicht nur die christlich-biblischen Inhalte, sondern auch das antike Gedankengut. Die Kultur, die daraus erwuchs, war von der griechisch-römischen Antike und von christlichen Inhalten geprägt. Die Sprache war Latein, die Sprache der Liturgie. Hinzu kam, dass kirchliche und staatliche Macht innigst miteinander verflochten waren. Trotz der Kirchenspaltung in der Reformation blieb diese west- und zentral-europäisch inkulturierte Form von Christentum die vorherrschende. Sie jedenfalls war die Trägerin der Mission des 19. und 20. Jahrhunderts. Schon vorher hatte sie die Ausbreitung des Christentums in Lateinamerika im Zuge der Eroberung durch Spanier und Portugiesen und in Nordamerika durch Siedler unterschiedlicher Herkunft bestimmt. Bis heute wird das Christentum in der Welt weitgehend mit dieser inkulturierten Form christlichen Lebens identifiziert, wobei die konfessionellen Unterschiede demgegenüber untergeordnet geblieben sind.

Noch eine andere Entwicklung war der Missionierung des 19./20. Jahrhunderts vorausgegangen und hat sie mitbestimmt: das Scheitern eines echten Inkulturations-Versuchs des christlichen Glaubens in China und Indien im sogenannten Ritenstreit. Vor allem Jesuiten hatten dort in ihrer Mission an die Ahnen- und Konfuzius-Verehrung (in China) angeknüpft und Kastenschranken und andere Vorbehalte (in Indien) respektiert, was aber nach langen Auseinandersetzungen von der päpstlichen Autorität verboten wurde.

Die beiden genannten Entwicklungen lassen verstehen, dass die große Missions-Bewegung des 19. und 20. Jahrhunderts *keine wirkliche Inkulturation* des christlichen Glaubens in die einheimischen Kulturen Afrikas und Asiens gebracht hat. So riskierte er, ein Fremdkörper für die Menschen jener Länder zu bleiben. Die Tragödie 1994 in Ruanda, einem der am stärksten christianisierten Länder Afrikas, hat das schlaglichtartig beleuchtet. Denn dabei erwies sich die ethnische Zugehörigkeit im Verbund mit politisch-wirtschaftlichen Interessen bei vielen getauften Christen als wirkmächtiger als der angenommene christliche Glaube.

Wenn man den Ruf nach Inkulturation in diesem geschichtlichen Zusammenhang betrachtet, zeigt sich, dass er zuerst und zunächst ein Ruf nach *Exkulturation* ist. *Bevor* also in den einheimischen Kirchen Afrikas, Asiens und Lateinamerikas eine eigentliche Inkulturation des christlichen Glaubens möglich ist, muss erst einmal die *Differenz* zwischen dem biblisch-kirchlichen Glauben und seiner europäisch inkulturierten Form entdeckt werden. Damit erweist sich das Thema Inkulturation als ein *theologisches* Thema, das die Frage nach äußeren Formen weit übersteigt.[89] Es wirft die grundsätzliche Frage nach dem Verhältnis von christlichem Glauben und Kultur auf. Wie bereits angesprochen, ist es die Frage nach dem Verhältnis von *drei* Größen: christlicher Glaube, Religion und Kultur, denn der christliche Glaube ist nicht einfach identisch mit Religion; Kultur aber steht in engstem Zusammenhang mit Religion. Die Frage betrifft also nicht nur die sogenannten jungen Kirchen Afrikas und Asiens, die aus der Mission entstanden sind. Sie betrifft die Kirche immer und überall.

Das vorhergehende Kapitel hat nachgezeichnet, wie der christliche Glaube zur Religion in Europa geworden ist. Es versuchte auch aufzuzeigen, dass die in Europa daraus entstandene „christliche Kultur" nicht den Anspruch erheben kann, göttlichen Ursprungs zu sein. Sie hat Entscheidendes an Werten und Normen aus dem Bund Gottes mit Israel und aus der christlichen Verkündigung aufgenommen. Es hat also eine wirkliche Inkulturation stattgefunden. Christliche Mission geht gar nicht ohne eine wenigstens anfanghafte Inkulturation, weil sie sich sprachlicher und anderer Zeichen und Symbole bedient, die immer auch kulturell geprägt sind. Sie *muss* darüber hinaus Inkulturation anstreben. Denn der Mensch als Gemeinschaftswesen lebt in dem, was wir Kultur nennen. Es scheint deshalb ein großer Gewinn für den christlichen Glauben zu sein, wenn die Bild- und Sprachwelt einer Gesellschaft davon erfüllt ist und die Menschen schon von Kind an mit seinen Inhalten vertraut werden, wenn also das entsteht, was man als „Volkskirche" bezeichnet. Dadurch werden auch die Gewissen der Menschen auf die Werte und Normen der Bibel ausgerichtet. Aber dieser Gewinn birgt auch eine Gefahr. Wird der Glaube dann nicht zur Selbstverständlichkeit, zu einem *Kulturgut*, das einfach zum Mensch-sein dazugehört? Wird Christ-Werden dann nicht zu einem *Anpassungs*-Vorgang, der zur *allgemeinen Sozialisation* gehört? Bleibt er dann noch ein *Angebot*, für das man sich persönlich *entscheiden* muss? Gerät dann seine alles spren-gende Dimension – eben das, was wir seine *eschatologische Dimension* nannten – nicht in den Hintergrund, der über-sehen wird? Die Entwicklung seit der Aufklärung zeigt, wie berechtigt diese Fragen sind. In vielen Regionen Euro-pas, in denen die Kirche einmal als „Volkskirche" die Reli-gions-Institution der Gesellschaft war, sind biblisch-kirch-lich glaubende Menschen zur Minderheit geworden. Zwar werden Taufe und kirchliche Eheschließung von nicht wenigen noch gewollt; aber für viele von ihnen sind sie zu einem bürgerlichen Ritual verkommen, dessen wirklicher Bedeutung man sich nicht mehr bewusst ist. Sie sind dann nur mehr Restbestände einer einstmals kirchlichen Soziali-sation, deren innerer Sinn verloren gegangen ist.

In seiner Rede vor dem deutschen Bundestag hat Papst Benedikt XVI. klargestellt, dass „im Gegensatz zu ande-ren großen Religionen das Christentum[90] dem Staat und der Gesellschaft *nie ein Offenbarungsrecht*, eine Rechtsord-nung aus der Offenbarung, vorgegeben hat. Es hat statt-dessen auf Natur und Vernunft als die wahren Rechtsquel-len verwiesen"[91]. Das Neue Testament enthält keine eigene gesellschaftliche *Rechts*ordnung. „Gebt dem Kai-ser, was dem Kaiser gehört, und Gott, was Gott gehört!" (Mk 12,17). „Mein Königtum ist nicht von dieser Welt" (Joh 18,36). Die Trennung von Staat und Glaubensge-meinschaft Kirche ist also im Neuen Testament grundge-legt. Der gegenteilige Irrweg, auf den sich die Kirche im Mittelalter faktisch eingelassen hatte, wurde im II. Vatikanischen Konzil mit der Erklärung über die Religionsfreiheit definitiv überwunden.

Papst Benedikt hat in vielen seiner Ansprachen aber auch darauf aufmerksam gemacht, dass eine Gesellschaft ohne Gott, d. h. ohne religiösen Bezug, keinen Bestand haben kann, weil sie mit ihrer ethischen Ordnung positivistisch dem Mehrheitswillen und damit dem Relativismus ausgeliefert ist.[92] Wenn Inkulturation nicht heißen kann, den christlichen Glauben durch staatliches Recht einer Gesellschaft aufzuzwingen, dann bleibt nur, dass die Kirche im *freien Spiel der Kräfte* ihre Botschaft einzubringen sucht. Kultur ist ja auch kein Zustand, sondern immer in Entwicklung. Dabei sind allerlei Faktoren beteiligt: wirtschaftliche Interessen, philosophische Strömungen, neue Entdeckungen und einflussreiche Persönlichkeiten, um nur einige zu nennen. Deshalb kann Inkulturation auch kein einmaliger Vorgang sein, der nach einiger Zeit zu einer „christlichen Kultur" führen würde und dann abgeschlossen wäre. Bis in unsere Tage wird die „Christianisierung" Europas, die zu dem führte, was man das „christliche Abendland" genannt hat, so verstanden: als irreversibler Vorgang. Umso erschreckter muss man dann feststellen, dass inzwischen eine „Entchristlichung" Europas stattgefunden hat und eine „Neuevangelisierung" notwendig ist.

Wie konnte das geschehen? Mit Inkulturation kommt eine *Wechselwirkung* in Gang: Die Botschaft der Kirche wirkt auf die sich entwickelnde Kultur und formt ihre Gestalt mit, und die sich entwickelnde Kultur formt den konkreten Glauben der Menschen und der Glaubensgemeinschaft vor Ort mit. Das Neue Testament enthält *keine Verheißungen*, dass die „Welt", d. h. die konkrete Gesellschaft, in die hinein das Evangelium verkündet wird, sich zu einer christlichen Welt umwandelt. Auf die Frage des „Judas, nicht der Judas Iskariot: Herr, warum willst du dich nur uns offenbaren und nicht der Welt?", antwortet Jesus: „Wenn jemand mich liebt, wird er an meinem Wort festhalten; mein Vater wird ihn lieben, und wir werden zu ihm kommen und bei ihm wohnen" (Joh 14,22–23). Judas hat Jesus also richtig verstanden; Jesus will sich der „Welt" nicht offenbaren. Er hat die Seinen vielmehr „aus der Welt erwählt"; „darum hasst euch die Welt" (Joh 15,18). Jünger und die Kirche als die Gemeinschaft der Jünger teilen das Schicksal Jesu: „Wenn sie mich verfolgt haben, werden sie auch euch verfolgen; wenn sie an meinem Wort festgehalten haben, werden sie auch an eurem Wort festhalten" (Joh 15,20). Es *bleibt also immer offen*, welche Einflüsse im freien Spiel der Kräfte, die eine Kultur formen, erfolgreich sein werden. Im Ganzen bereitet das Neue Testament die Jünger und damit die Kirche eher auf ihren Misserfolg in diesem Wettbewerb vor. Das heißt nicht nur, dass es den Jüngern nicht gelingen wird, eine ganze Kultur dauerhaft zur „christlichen Kultur" zu machen, sondern kann sogar dazu führen, dass die Welt Kirche und Glauben in einer Region zum Verschwinden bringt.

Tatsächlich haben wir heute in Europa eine Situation, in der die Gesellschaft als Ganze längst keinen christlichen, ja nicht einmal mehr einen klaren religiösen Bezug hat.[93] Damit ist sie in den Grundfragen des Lebens dem Meinen und Wollen der sich bildenden Mehrheiten ausgeliefert. Religion wird toleriert, in ihrem karitativen und sozialen Beitrag sogar begrüßt, ist aber sonst *Privatsache*. In vielen Ländern Europas sind praktizierende Christen zur Minderheit geworden, und das Interesse an anderen Religionen (Islam, Buddhismus, Hinduismus) ist im Wachsen. Einer Pluralität von Konfessionen und Religionen steht die Masse derer gegenüber, die religiös unentschieden oder gleichgültig sind. Christen werden in dieser Situation nicht bekämpft, weil sie sich zu Christus bekennen; das ist sozusagen ihr Privatvergnügen. Sie werden aber heftig angefeindet, wenn sie sich mit Berufung auf Vernunft und Natur für ethische Normen einsetzen, wie für das Recht auf Leben von der Empfängnis bis zum Tod, wie gegen die völlige Gleichstellung von homosexuellen Verbindungen mit der Ehe oder gegen die Dominanz ökonomischer Gesichtspunkte in allen Lebensbereichen (z. B. gegen offene Geschäfte am Sonntag). Viele Menschen in Europa betrachten Kirche als reines Kultur-Phänomen, als eine Etappe europäischer Geschichte, die wir inzwischen dank des Fortschritts der Wissenschaft überholt haben. *Einerseits* muss die Kirche Inkulturation *anstreben*, weil der Glaube nur so die Menschen voll erreichen kann. *Andererseits* haben wir bereits mehrmals gesehen, dass der christliche Glaube nicht so inkulturiert werden darf, dass er in Kultur *aufgeht*. „Es würde sich nicht mehr um Katechese handeln, wenn es das Evangelium wäre, das sich beim Kontakt mit den Kulturen ändern müsste."[94] Das Evangelium würde damit seine eschatologische, seine endgültige und unüberbietbare Bedeutung aufgeben. Wenn also weder Identität noch Trennung von Kultur und Glaube möglich sind, bleibt nur eine dynamische Spannung, die mit der Überschrift dieses Kapitels ausgedrückt ist: Inkulturation *und* Exkulturation.

Wiederum wird deutlich, dass Kirche einen paradoxen, einen *widersprüchlich scheinenden Auftrag* hat. Einerseits soll sie auf die Menschen zugehen und ihnen die „Menschen-

freundlichkeit Gottes, unseres Retters" (Tit 3,4),[95] nahe-
bringen. Dafür muss sie ihre Botschaft auf die Sehnsüchte, Nöte und Anliegen hin formulieren, die die Menschen
einer bestimmten Kultur und Zeit haben. Ihre Botschaft
muss „anschlussfähig" werden, wie man das heute nennt.
Das Wort „anschlussfähig" weist bereits auf die Gefahr
hin: dass die Zeitkultur zum *bestimmenden Kriterium* dafür
wird, was und wie verkündet wird. Genauer müsste es also
heißen: Die Kirche muss suchen, wo und wie sie mit ihrer
Verkündigung an Sehnsüchte und Fragen einer Zeit
anknüpfen kann. Das sind oft gerade nicht die allgemein
angenommenen Überzeugungen einer Gesellschaft, sondern die aus ihrer einseitigen Entwicklung erwachsenen
Defizite, unter denen die Menschen leiden. Sie machen
Menschen bereit, nach etwas Neuem, Anderem Ausschau
zu halten. Das sind zunächst die Menschen, die diese Einseitigkeiten am meisten erleben, weil sie auf der Schatten-
seite der Gesellschaft leben, die *Armen* verschiedenster Art.
Es sind auch die, die ein *waches Gespür* für grundlegende
Werte haben, die in der laufenden Entwicklung zu kurz
gekommen sind. Wenn sich die Kirche hingegen auf die
stützt, die im herrschenden Trend einer Gesellschaft
erfolgreich mitschwimmen und in diesem Sinn reich sind,
dann gehört sie zum „Establishment" einer untergehen-
den Epoche. Darum eröffnet Jesus seine öffentliche Verkündigung mit dem Jesaja-Zitat: „Der Geist des Herrn ist
auf mir, denn er hat mich gesalbt, die Armen zu evange-
lisieren" (Jes 61,1).[96] Denn die Kirche muss die Menschen
damit konfrontieren, dass all ihr Bemühen, das Leben gut
zu gestalten, es erträglich zu machen, nur *vorläufigen Wert*
hat: „Wer sein Leben liebt, wird es verlieren, wer sein
Leben in dieser Welt hasst, wird es für das ewige Leben

bewahren" (Joh 12,25).[97] Denn die Botschaft Jesu lautet nicht: Macht so weiter, nur strengt euch mehr an, werdet besser und erfolgreicher!; sondern: „*Kehrt um*, und glaubt an das *Evangelium!*" (Mk 1,15). Sie verlangt eine *Wende* und die Identifizierung mit einer umwerfend *neuen* Botschaft. Wie kann die Kirche beidem gerecht werden: die Menschen dort abholen, wo sie sind, *und* sie über sich hinaus in ein radikal neues Leben und Denken einführen? Wie kann die Kirche *gleichzeitig Inkarnation und Exitus* vollziehen, also sich in eine vorhandene Kultur hineinbegeben und aus ihr ausziehen?

Sie kann es nur, wenn Christ-Werden *als Prozess* verstanden und vollzogen wird. Das war in den ersten Jahrhunderten klar. Wer Christ werden wollte, musste ein *Katechumenat* durchlaufen. Das war so etwas wie eine Jüngerschafts-*Schule*. Dabei ging es darum, den wesentlichen Inhalt des Glaubens kennenzulernen, sich ihn als persönliche Antwort auf die Initiative Gottes zu eigen zu machen und die Lebensführung einzuüben, die er verlangte. Gleichzeitig war damit eine *Exkulturation* verbunden, weil die Differenz zur umgebenden Kultur auf der Hand lag. Dieses Katechumenat war ein *verbindlicher Weg* mit bestimmten Etappen, die auch liturgisch begangen wurden. Er zielte darauf, sich den Glauben so anzuzeigen, dass er Teil der eigenen Identität wurde, für den man auch vor anderen einzutreten bereit war. Er mündete in das feierliche Glaubensbekenntnis vor der Gemeinde und den Empfang der Taufe. Erst dadurch wurde man Vollmitglied der Kirche und zugelassen zur Teilnahme am ganzen Leben der Gemeinde, z. B. in der Eucharistiefeier. Bis zur sogenannten Konstantinischen Wende (313) geschah das alles in einer Gesellschaft, die dem christlichen Glauben eher feindlich gegenüberstand, so dass es immer wieder zu blutigen Verfolgungen kam.

Diese Gestalt von Kirche wurde im europäischen Mittelalter abgelöst durch eine Gestalt, die man treffend mit dem Wort „Volkskirche" bezeichnen kann. Ein ganzes Volk, ein ganzer Kulturraum, war zur Kirche geworden. Oder anders gesagt: Der christliche Glaube war zur *Religion eines Volkes* geworden. Die Kultur war wesentlich identisch mit dieser Religion. Für die Gestaltung des Lebens und das Zusammenleben galten ihre Weisungen. Die Gesetzgebung war davon bestimmt. Man wurde als Kind getauft, d. h., man wurde faktisch in die Kirche hineingeboren. Das Hineinwachsen in den Glauben vollzog sich nun zusammen mit dem Hineinwachsen in die Gesellschaft. Auch dies war ein Prozess. Aber er hatte *kein Gegenüber* mehr. Es gab keine Alternative dazu. Das Kennenlernen des Glaubens war Teil der allgemeinen Schule geworden. Es gab kein eigenes Katechumenat mehr, weil es keine Katechumenen, Taufbewerber, mehr gab. Kinder und junge Menschen wurden im Rahmen ihrer allgemeinen Erziehung, d. h. im Elternhaus und in der Schule, in den Glauben und seine Praxis eingeführt. Die Sakramente wurden die Feiern der Lebens-Wenden: die Taufe als religiöse Feier der Geburt mit der Namensgebung, die kirchliche Trauung zur Eheschließung und die Krankensalbung als „letzte Ölung" vor dem Tod.[98] Diese Form von Kirche hat sich in nicht wenigen Regionen Europas bis in die jüngste Vergangenheit gehalten, so dass sie für viele schlechthin *die Kirche ist*. Es ist ihnen deshalb unvorstellbar, dass es Kirche in anderer Gestalt geben könnte.

Seit der Aufklärung hat der Einfluss des Christentums in Europa immer mehr abgenommen, so dass von einer christlichen Kultur nicht mehr die Rede sein kann – selbst wenn diese Bezeichnung einmal zutreffend gewesen sein sollte. Christ zu werden verlangt in wachsendem Maße die Bereitschaft, *gegen den Strom* gängiger Meinungen zu schwimmen. Wenn diese Fähigkeit nicht erworben wird, droht der Glaube früher oder später dem wachsenden Druck einer glaubenslosen oder gar glaubensfeindlichen Umwelt zu erliegen. Das zeigt sich daran, dass viele, die nach dem Muster von Volkskirche nur „kirchlich sozialisiert" waren, ohne sich *persönlich* für den Glauben entschieden zu haben, ihr Christ-Sein inzwischen ganz aufgegeben haben. Weil Jugendliche wissen, dass Christ-Sein *Minderheiten*-Status in der Gesellschaft bedeutet, zögern sie verständlicherweise, sich dafür zu entscheiden.

Wir können die geschichtliche Entwicklung nicht hinter das Mittelalter zurückdrehen. Das sollten wir auch nicht versuchen. Aber wir könnten aus der Geschichte lernen, wenn wir sie vom Neuen Testament her *kritisch reflektieren*. Das könnte uns die Augen dafür öffnen, wie viele Menschen *in der Kirche* – zumindest in den deutschsprachigen Ländern – auch heute noch von dem mittelalterlichen Ideal einer christlichen Gesellschaft träumen, auch wenn sie dieses Ideal durch Postulate der Aufklärung in manchem verändert haben. Müssten wir uns demgegenüber nicht neu fragen, wieweit unser kirchliches Leben und unsere Verkündigung davon geprägt sind, dass wir als Christen zwar „in der Welt" (Joh 17,11), aber „nicht von der Welt" (Joh 17,14) sind? Dass „unsere Bürgerschaft im Himmel ist, von woher wir Jesus Christus, den Herrn, als Retter erwarten" (Phil 3,20)?[99] Oder erwarten wir auch als Christen unser Heil zunächst einmal von der Verbesserung der Gesellschaft – ganz im Sinne des neuzeitlichen

Fortschrittsglaubens?[100] Verwenden wir auch im kirchlichen Bereich nicht zu viel Energie darauf, Ansehen und Einfluss in der Gesellschaft zu haben, als zuerst einmal darauf, Menschen *für Christus* zu gewinnen, die *dadurch* befähigt sind, in neuer Weise an der Gestaltung der Gesellschaft mitzuwirken?

Für die Gesellschaft hat die Entwicklung seit der Aufklärung den Verlust gebracht, dass ihr eine Ressource der Wertorientierung weitgehend verlorengegangen ist: die Kirche(n) als Agentur(en) der „Volkserziehung". Diese Ressource war über Jahrhunderte bis in die Neuzeit hinein erfolgreich, auch wenn die Qualität dieser Erziehung im Einzelnen durchaus anzufragen ist. Die Kirche hat diese Autorität schon längst nicht mehr. Selbst bei regelmäßigen Kirchgängern dürfte inzwischen der Einfluss der Medien in nicht wenigen Lebens-Bereichen wirksamer sein als der der kirchlichen Verkündigung. Künftig wird die Stimme der Kirche immer mehr als Stimme von *außerhalb* der Gesellschaft empfunden werden. Als prophetische Stimme hat sie dadurch vielleicht eine neue Chance, gehört zu werden.

Für die Kirche hat diese Situation etwas Befreiendes. Sie kann und muss sich auf den Kern ihrer Sendung konzentrieren: auf das Evangelium von Christus, dem Gekreuzigten, der auferstanden ist, und auf das neue Leben, das er gibt. Das ist auch der *wichtigste* – wenn auch nicht der einzige – Beitrag, den die Kirche für die Gesellschaft zu leisten vermag: Menschen, die von diesem neuen Leben ergriffen und dadurch befähigt sind, selbstlos als Sauerteig in der Gesellschaft zu wirken. In ihrer Verkündigung macht die Kirche ein *Angebot*[101], das weiter reicht und mehr verheißt als die vielen Angebote erfolgreichen Lebens, die den Markt füllen. Aber es ist *ein* Angebot *unter vielen*. Es wendet sich an die individuelle Wahl-Freiheit. Je nach Lebenssituation und Milieu[102] werden sehr verschiedene Menschen auf dieses Angebot eingehen. Was sie jeweils aus der Fülle der biblischen Verheißungen zunächst anspricht und wie sie von ihrer bisherigen Lebenspraxis geprägt sind, wird sehr unterschiedlich sein. Daraus ergeben sich sehr unterschiedliche katechumenale Wege, in den vollen Glauben hineinzuwachsen. Zu diesen Wegen wird die kritische Auseinandersetzung mit dem gehören, was *man* in der umgebenden Gesellschaft für gut und richtig hält. Das heißt nicht, dass das alles abzulehnen ist; aber es ist zu *prüfen*, wie es vom Wort Gottes her zu *beurteilen* ist. Von Seiten der Kirche braucht es dazu Gesprächspartner, die begegnungsfähig sind und ihren Glauben der jeweiligen Gesprächssituation entsprechend ins Wort bringen können. Nur wo Menschen auf ihrer Sinn-Suche von den *Verheißungen des Glaubens* fasziniert sind, werden sie sich dazu aufmachen, den Glauben mehr kennenzulernen. Ihr Weg wird zunächst eher von Exkulturation bestimmt sein, bevor eine neue Inkulturation des Glaubens gefunden werden kann.

8. Einheit und Verschiedenheit in der Kirche

Einheit ist keine beliebige Eigenschaft der Kirche. Als Leib Christi kann sie nur *eine* Kirche sein und muss in sich eins sein. Und doch besteht sie aus Gliedern, die als Menschen voneinander verschieden sind und ihr Christ-Sein deshalb auch verschieden verwirklichen. Außer dieser *individuellen* Verschiedenheit gibt es noch andere Verschiedenheiten, die die Glieder der Kirche gerade darin unterscheiden, wie oder wo sie *in der Kirche* stehen. Diese Unterschiede liegen auf *unterschiedlichen Ebenen*. Um sie richtig zu sehen und mit ihnen sachgemäß umzugehen, ist es notwendig, sie den unterschiedlichen Ebenen *richtig zuzuordnen*.

Neben der *heilsgeschichtlichen* Ebene von Juden und Heiden, die im Kapitel 5 ausführlich behandelt wurde, soll es im Folgenden darum gehen: Die Kirche hat sich in der Verschiedenheit von *Ortskirchen* entfaltet, die nicht nur geographisch ist (1). Die Kirche besteht aus *Sündern und Heiligen* (2). Man wächst durch einen Prozess in den Glauben und damit in die Kirche hinein. Daraus ergeben sich *unterschiedliche* Grade der *Identifikation* mit dem Glauben und damit unterschiedliche *Intensitäten*, am Leben der Kirche teilzunehmen (3). Menschen leben ihren Glauben entweder als Christen „*in der Welt*" oder als *Ordens*-Frauen oder Männer (4). Der christliche Glaube prägt sich in unterschiedlichen *Spiritualitäten* aus (5). In der Kirche gibt es verschiedene *Aufgaben und Rollen*, als Amtsträger oder Nicht-Amtsträger, Laien genannt, darüber hinaus durch verschiedene *Charismen* (6).

Diese Verschiedenheiten betreffen nicht nur die jeweiligen Christen als Einzelne; sie *gliedern* auf unterschiedlichen Ebenen den Organismus Kirche, wobei sich die Ebenen gegenseitig durchdringen. So ist ein Priester im lateinischen Teil der katholischen Kirche Amtsträger, zölibatär lebender Mann, einer bestimmten Ortskirche eingegliedert, als Sünder und Heiliger auf seinem Umkehrweg, eventuell von einer bestimmten Spiritualität (z. B. Fokolare) geprägt. Wie unter Menschen immer, können diese Verschiedenheiten Anlass zu Spannungen und Konflikten geben. Um konstruktiv mit ihnen umzugehen, ist es wichtig, sie auf der *jeweiligen Ebene* zu sehen. Darum wird jeder der Ebenen ein eigener Abschnitt gewidmet.

Die größte Einheit ist nicht dann gegeben, wenn alle *uniform gleich* sind, also keinerlei Verschiedenheit besteht. Das zeigt die Urwirklichkeit, aus der alle geschöpfliche Wirklichkeit stammt: der dreifaltige Gott. Er ist eins, indem er verschieden ist, und verschieden, indem er eins ist. In langem Ringen wurde dafür die Formel gefunden: eins im gleichen Wesen und verschieden in den Personen. Die dreifaltige Einheit ist *Leben im Gegenüber* der Personen. Das Leben Gottes besteht darin, dass die drei Personen *sich gegenseitig* das Gott-Sein *mitteilen*. Dabei ergeben sich *unterschiedliche Beziehungen*, durch die sich die göttlichen Personen unterscheiden: Der Vater ist der Ursprung, aus dem der Sohn ersteht, und der Geist ist die Liebe, in der sich beide bejahen. Die Einheit, um die es in der Kirche und überhaupt unter Menschen geht, ist nicht Gleichheit, sondern eine *Beziehungsqualität*.

Es gibt aber auch Weisen der Verschiedenheit, die die Einheit der Kirche *zerstören*. Insofern ist das derzeit im ökumenischen Miteinander von evangelischer Seite gerne gebrauchte Wort von der „versöhnten Verschiedenheit" zu präzisieren: Verschiedenheit ist dann *nicht versöhnt*, wenn sie nicht nur spannungsreiche Unterschiede zulässt, sondern wenn sie *kontradiktorisch Gegensätzliches* für gleich wahr und möglich erklärt. So ist es keine versöhnte Verschiedenheit, wenn die Katholiken erklären: das Petrus-Amt besteht im Papsttum in der Kirche fort, während die reformatorischen Kirchen das bestreiten. „Ein Leib und ein Geist, wie euch durch eure Berufung auch eine gemeinsame Hoffnung gegeben ist; ein Herr, ein Glaube, eine Taufe, ein Gott und Vater aller, der über allem und durch alles und in allem ist" (Eph 4,4). Dieses Wort weist auf das Ziel, die Quelle und den Weg zur Einheit hin: Das ist Gott, der Vater, durch Christus, den Sohn und Herrn, im Heiligen Geist. Durch die gemeinsame Ausrichtung auf ihn *entsteht und wächst immer neu* Einheit unter denen, die an ihn glauben. Wenn Christen auf diesem Weg miteinander unterwegs *bleiben,* leben sie schon ein Stück Einheit und werden immer mehr in die volle Einheit geführt; denn Christus ist „der Weg". Aber er ist auch „die Wahrheit und das Leben" (Joh 14,6). Auch im Glaubens-*Inhalt* und im *sakramentalen Leben* muss Einheit bestehen, die zwar unterschiedliche Akzente und Gewichtungen zulässt, aber keine *einander ausschließende* Positionen. Deshalb hat man im Laufe der Kirchengeschichte immer wieder um Einheit gerungen. Dies geschah auf höchster Ebene auf den Konzilien. Dabei wurde darauf geachtet, *nur das* zu verurteilen und auszugrenzen, was dem apostolischen Zeugnis, dem Neuen Testament, widerspricht oder es auflöst. Ein Meilenstein auf dem Weg zur Einheit zwischen römisch-katholischer Kirche und dem lutherischen Weltbund ist die „Gemeinsame Erklärung zur Rechtfertigungs-Lehre" (1999). Sie besagt, dass es keine „*kirchentrennenden*" Unterschiede mehr gibt, was die jeweilige Lehre zur Rechtfertigung der Glaubenden betrifft, wohl aber bleibende Verschiedenheiten, die *nicht kirchentrennend* sind. Diese Unterscheidung ist wichtig, nicht nur für das ökumenische Gespräch. Sie hilft, beide Gefahren gleichermaßen im Auge zu behalten: den Uniformismus, dem Katholiken früher eher zuneigten, wie den unbegrenzten Pluralismus, der heute auch in der katholischen Kirche zu finden ist. Die Frage nach der Einheit auf ökumenischer Ebene wird hier nicht weiter verfolgt, weil dieses Buch nur die römisch-katholische Kirche in den Blick nimmt. So viel sei allerdings gesagt: Spätestens seit dem II. Vatikanischen Konzil kann man nicht Katholik sein, ohne sich die Bitte Jesu zu eigen zu machen, dass „sie vollendet seien in der Einheit, damit die Welt erkennt, dass du mich gesandt hast" (Joh 17,23).

Ähnlich wie in der Dreifaltigkeit das eine göttliche Wesen allen drei Personen zukommt und zu eigen ist, kommt *allen*, die an Christus glauben und auf Vater, Sohn und Heiligen Geist getauft sind, die *Teilnahme am göttlichen Leben* zu. In diesem Sinne kann Paulus sagen: „Ihr seid alle durch den Glauben Söhne Gottes in Christus Jesus. Denn ihr alle, die ihr auf Christus getauft seid, habt Christus (als Gewand) angelegt. Es gibt nicht mehr Juden und Griechen (Heiden), nicht Sklaven und Freie, nicht Mann und Frau; denn ihr alle seid einer[103] in Christus Jesus" (Gal 3,26–28). Diese Ebene des Christ-Seins geht allen Unterscheidungen in der Kirche *voraus und trägt* sie. So ist der Papst als Papst *nicht mehr* Christ oder ein größerer Christ als jede oder jeder kleine Gläubige. Auch wenn diese Wahrheit durch die Inkulturation der Kirche in die feudale Gesellschaft des Mittelalters zeitweise verdunkelt war, wurde sie von der kirchlichen Lehre nie verleugnet, und auch die Frömmigkeit war davon geprägt.[104] Sowohl die heils-geschichtliche Verschiedenheit (Juden und Griechen) als auch die soziale (Sklaven und Freie) und auch die schöpfungsgegebene (Mann und Frau) sind durch die Eingliederung in Christus *relativiert* und in die Einheit in ihm aufgehoben. Das II. Vatikanische Konzil hat diese Wahrheit wieder deutlich herausgestellt. Das war notwendig, weil in der nachtridentinischen Zeit die Verschiedenheit von Amtsträgern und Laien manchmal überbetont worden war. Aufgehoben heißt aber nicht eliminiert. Weder die Verschiedenheit von Juden und Heiden noch die von Sklaven und Freien noch die von Männern und Frauen werden im Neuen Testament *beseitigt*. Die *grundlegende* Gleichheit aller in Christus befreit und ermutigt dazu, sich im Zusammenwirken miteinander durch die Verschiedenheiten zu ergänzen und zu bereichern.

Dass es in den christlichen Gemeinden der ersten Jahrhunderte Sklaven neben den freien Bürgern als Vollmitglieder gab, war im Kontext des Römischen Reiches revolutionär. Dennoch fordert das Neue Testament nicht dazu auf, die Sklaverei *als Rechtsinstitut* abzuschaffen. Den Sklaven wird vielmehr gesagt: „gehorcht euren irdischen Herren, ... als wäre es Christus" (Eph 6,5).[105] Es hat bis ins 19. Jahrhundert gedauert, bis die Sklaverei als Rechtsinstitut schrittweise abgeschafft wurde. Dies geschah vor allem dadurch, dass in der Neuzeit die Würde der menschlichen Person deutlicher erkannt wurde. In der Französischen Revolution (1789) erklang deshalb der Ruf nach „Freiheit, *Gleichheit*, Brüderlichkeit". Inzwischen ist die

Gleichheit *vor dem Gesetz* aufgrund der Personwürde jedes Menschen in den meisten Staaten wenigstens auf dem Papier durchgesetzt.[106] Dennoch verstummt der Ruf nach weitergehender Gleichheit nicht. Er ist zu einem Charakteristikum der Moderne geworden und fordert auf immer neuen Gebieten „*Gleichstellung*". Aus dem berechtigten Anliegen herauszufinden, *wie* gesellschaftliche Einflüsse das Rollen-Verhalten von Mann und Frau geformt haben, ist in der „Gender-Ideologie" die Verschiedenheit von Mann und Frau zum gesellschaftlichen Konstrukt erklärt worden. Die Gesetzgebung in den westlichen Ländern hat bereits begonnen, diese Ideologie zu übernehmen und die Rechtsprechung, z. B. in der Gleichstellung von Ehe und gleichgeschlechtlichen Partnerschaften, danach auszurichten. Wer – wie das kirchliche Lehramt – gegen diesen Trend an der *von Natur aus vorgegebenen* Verschiedenheit der Geschlechter festhält, dem wird schnell Diskriminierung vorgeworfen. Es ist zu hoffen, dass sich dieser Trend korrigieren lassen kann und Verschiedenheiten wieder unbefangener gelten.

Wenn wir die Dreifaltigkeit als Urbild von Einheit und Verschiedenheit ernst nehmen und unseren Umgang mit den Verschiedenheiten in der Kirche danach ausrichten, dann verdient eines besondere Beachtung: Weil der Vater der Ursprung ist, aus dem der Sohn entspringt, kann Jesus sagen: „Der Vater ist größer als ich" (Joh 14,28). Ebenso sagt Jesus vom Heiligen Geist, dem Beistand, „den ich euch vom Vater aus senden werde" (Joh 15,26). Es gibt also eine Art „Gefälle" zwischen den Personen: vom Vater zum Sohn und von beiden zum Heiligen Geist. Diese Verschiedenheit begründet aber *kein Höher und Geringer* an Ehre und Wert; die Personen sind *gleich an Würde*. Das ist das Modell für den Umgang mit den Verschiedenheiten in der Kirche, gerade auch da, wo es innerhalb der Kirche ein „oben" und „unten", einen Unterschied an Kompetenz und Vollmacht gibt. Auf solche Verschiedenheiten reagieren wir als erbsündliche Menschen emotional mit Konkurrenz-Ängsten oder Anpassungs-Reflexen. Wenn wir uns am Modell der Dreifaltigkeit orientieren, verlangt das immer wieder die Bekehrung des Glaubens, indem wir uns die unvergleichliche Würde als Töchter und Söhne im Sohn bewusst machen, die wir alle in gleicher Weise haben. Dann vermag Leitung als Dienst, Gehorsam als Mitwirkung und Verschiedenheit als Ergänzung erlebt und gelebt zu werden.

1. Die Verschiedenheit von Ortskirchen[107]

Diese Verschiedenheit liegt auf der Ebene der Inkulturation. Die erstaunlich schnelle Ausbreitung des christlichen Glaubens im damaligen Mittelmeerraum war sicher dadurch begünstigt, dass es eine gemeinsame Verkehrssprache, das Griechische, ein Rechtssystem, das römische Recht, und freien Verkehr und Handel gab. Dennoch gab es kulturell verschiedene Regionen. In ihnen entstanden Gemeinden, die zwar miteinander in Verbindung blieben, sich aber jeweils *eigenständig entwickelten*. Diese Entwicklung ging im Wesentlichen von fünf Zentren aus: Jerusalem, Antiochia, Alexandria, Byzanz (Konstantinopel) und Rom.

Bis ins 6. Jahrhundert hinein war die eine, universale Kirche also eine mehrpolige, *plurale* Einheit. Diese bestand nicht in einer gemeinsamen Verwaltung, nicht in derselben Liturgie, Kirchensprache oder Theologie usw. Dennoch war man eins; was einte, war „ein Herr, ein Glaube, eine Taufe" (Eph 4,5). In Glaubensfragen – z. B.: Wie ist Christus Gott und Mensch zugleich? – oder in wichtigen Fragen der Sakramentenpastoral – z. B.: Sind von Häretikern gespendete Sakramente gültig? – suchte man in Konzilien und Synoden Konsens. Durch die christologischen Auseinandersetzungen im 5. Jahrhundert und den vordringenden Islam veränderte sich die Situation grundlegend. Die neben Rom und Byzanz wichtigsten Zentren Antiochia und Alexandria spalteten sich von der universalen Kirche ab und gerieten unter arabisch-islamische Herrschaft. Seit dem 7. Jahrhundert entwickelten sich das westliche Abendland, Rom, und das oströmische Reich, Byzanz, kulturell, politisch und kirchlich immer mehr auseinander, sodass es schließlich im Jahr 1054 zum Schisma zwischen Rom und Byzanz kam. Von Byzanz aus wurden der Balkan und Russland missioniert und folgten der Mutterkirche ins Schisma. So blieb als katholische Kirche nur mehr der *Westen mit Rom* als Mittelpunkt übrig. Vor allem durch Karl den Großen wuchs Zentral- und Westeuropa immer mehr zusammen und entwickelte sich das kirchliche Leben sehr einheitlich. In Gegenbewegung zur Reformation und den entstehenden Nationalstaaten, die die Kirche zu beherrschen suchten, wurde der Papst als zentrale Leitungs-Instanz in der Neuzeit immer wichtiger. So erschien und erscheint die Kirche vielen als eine Monarchie, zentralistisch geleitet vom Papst, dessen Beamte die Bischöfe vor Ort seien. Dieser Eindruck ist verständlich; aber er entspricht nicht der Lehre der Kirche über sich selbst. Das II. Vatikanische Konzil hat diese Lehre in Bezug auf das Verhältnis von Papst und Bischöfen und damit von

Universalkirche zu den Ortskirchen deutlicher ausformuliert.

Tatsächlich ist die alte, mehrpolige Einheit in der katholischen, mit dem Papst vereinigten Kirche im Lauf der letzten Jahrhunderte *wieder erstanden*. Eine dieser alten Ortskirchen war nie von Rom getrennt: die maronitische Kirche im Libanon. Andere alte Ortskirchen erstanden dadurch innerhalb der katholischen Kirche wieder, dass westliche Missionare sich bemühten, von Rom getrennte Kirchen wieder mit dem Papst zu vereinen. Aufs Ganze dieser Kirchen hatten sie keinen Erfolg. Wohl aber fanden Teile von ihnen zur Einheit mit dem Papst zurück. Insgesamt gibt es 16 solcher mit Rom unierten *Teilkirchen*, wie sie das Konzil nennt. Die größten und wichtigsten dieser Teilkirchen sind die ukrainische griechisch-katholische Kirche (byzantinischer Ritus), die melkitische Kirche in Syrien und Palästina (byzantinischer Ritus auf Arabisch), die syro-malabarische Kirche in Südindien („Thomas-Christen", ost-syrischer Ritus), die chaldäische Kirche im Irak (ost-syrischer Ritus), die griechisch-katholische Kirche in Rumänien (byzantinischer Ritus) und die ruthenische Kirche im Karpatenraum (byzantinischer Ritus). Durch die kommunistische und islamistische Unterdrückung in ihren Heimatländern entstand eine Diaspora dieser Ortskirchen in Europa und Amerika mit jeweils eigenen Diözesen. Die Päpste haben diese Kirchen vielfach ermutigt, ihre eigenen Traditionen zu wahren. Das gilt auch für eine Verschiedenheit, die für Erscheinungsbild und Pastoral der Kirche nicht nebensächlich ist: In all den sogenannten unierten Kirchen gibt es *verheiratete Priester*; sie mussten sich *vor* der Diakonatsweihe entscheiden, ob sie zölibatär bleiben wollen oder ob sie heiraten. Im II. Vatikanischen Konzil ist diese Vielfalt wieder neu in den Blick gerückt worden. Das Konzil hat den unierten Ostkirchen ein eigenes Dekret gewidmet.[108] Die römisch katholische Kirche,[109] vereint unter dem Papst, besteht also nicht nur aus ihrem *lateinischen* Teil, der zwar durch die Mission in Afrika, Amerika und Asien der größte geworden ist; zu ihr gehören *gleichberechtigt* andere Ortskirchen, die ihre eigenen Traditionen haben. Deshalb gibt es in der einen römisch-katholischen Kirche auch zwei Rechtsbücher: eines für deren lateinischen Teil, den „Codex Iuris Canonici" (CIC), und eines für die Kirchen orientalischen Ursprungs, den „Codex Ecclesiarum Orientalium" (CCEO).

Die Verschiedenheit der Orts-Kirchen spielt aber nicht nur eine Rolle im Verhältnis des lateinischen Teils zu den orientalischen Teilkirchen. Auch für die Ortskirchen *innerhalb des lateinischen* Teils gilt die Grundsatzerklärung des Konzils: „Daher erklärt es (das Konzil) *feierlich*: Die Kirchen des Ostens *wie des Westens* haben das volle Recht und die Pflicht, sich jeweils nach ihren eigenen Grundsätzen zu richten, die sie durch ihr ehrwürdiges Alter empfehlen, den Gewohnheiten ihrer Gläubigen besser entsprechen und der Sorge um das Seelenheil angemessener erscheinen."[110] Geschichte und Kulturen der Völker Afrikas, Amerikas und Asiens bieten genug Material, das eine eigenständige theologische und pastorale Entwicklung der jeweiligen Ortskirchen verlangt. So dürfte die Aufmerksamkeit, die das Konzil den unierten Ostkirchen gewidmet hat, *auch die Ortskirchen im lateinischen Teil* der römisch-katholischen Kirche dazu ermutigen, „sich jeweils nach ihren eigenen Grundsätzen zu richten".[111]

Schon im Neuen Testament wird dasselbe Wort „Kirche" sowohl für die eine Universalkirche wie für die verschiedenen Ortskirchen gebraucht. Wenn Jesus zu Petrus sagt: „Auf diesen Felsen werde ich meine Kirche bauen" (Mt 16,18), dann meint er die Heilsgemeinschaft, die den Bund Gottes mit Israel weiterführt, die *eine, universale Kirche*.[112] Wenn Paulus „an die Kirche Gottes, die in Korinth ist" (1 Kor 1,2), schreibt, dann spricht er die *Ortskirche* in Korinth an.[113] Diesen doppelten Gebrauch des Wortes Kirche nimmt das Konzil wieder auf. „Die Kirche Christi ist wahrhaft in allen rechtmäßigen Ortsgemeinschaften der Gläubigen anwesend, die ... im Neuen Testament auch selbst Kirchen heißen."[114] Es macht damit deutlich, dass die Ortskirchen nicht geographische Untergliederungen der einen Kirche sind, aber dass auch umgekehrt die universale Kirche nicht ein nachträglicher Zusammenschluss von ursprünglich selbständigen Größen ist. Die eine Kirche Christi ist vielmehr in den Ortskirchen „anwesend". Die eine Kirche lebt und verwirklicht sich *in* den Ortskirchen. „Sie (die Ortskirchen) sind nämlich je an ihrem Ort ... das von Gott gerufene neue Volk."[115] Sie sind nicht die ganze Kirche; aber sie sind ganz Kirche.

Auf der Leitungs-Ebene heißt das zunächst, dass die Bischöfe nicht Beamte des Papstes sind. „Die Bischöfe leiten die ihnen zugewiesenen Teilkirchen (ihre Diözesen) als Stellvertreter und Gesandte Christi" – und nicht des Papstes; „diese Gewalt, die sie im Namen Christi persönlich ausüben, kommt ihnen als *eigene, ordentliche und unmittelbare* Gewalt zu".[116] Aber sie bilden mit dem Papst eine Einheit. Diese Einheit ist vorgezeichnet im Apostelkollegium mit Petrus als Haupt. Das Konzil hat dieses Verhältnis mit den Stichworten „Primat" (des Papstes) und „Kollegialität" (der Bischöfe) aufgenommen. Kraft des Primats kommt dem Papst die volle Autorität über die ganze Kirche zu. Dieselbe volle Autorität kommt dem Bischofskollegium zusammen mit dem Bischof von Rom zu. Also keine Gewalten-*Teilung*, sondern Doppelung derselben Gewalt in zwei teilweise identischen Trägern. Wiederum wird deutlich, dass Kirche paradox, anders ist als gesellschaftliche Strukturen in der Welt.

Wie die Einheit von Papst und Bischöfen, von Primat und Kollegialität, und wie die Kompetenz-Verteilung von Zentral-Gewalt des Papstes und bischöflicher Eigenständigkeit verwirklicht werden soll, hat das Konzil offengelassen. Papst Paul VI. hat einen wichtigen Schritt getan, indem er die Bischofssynode eingerichtet hat. Papst Franziskus ist dabei, diesen Ansatz weiterzuentwickeln. Auch deutet er immer wieder an, dass den Ortskirchen, d.h. wohl den Bischofskonferenzen, mehr Kompetenzen gegeben werden könnten. Für die Ökumene mit den orthodoxen und mit den altorientalischen Kirchen, aber auch mit den reformatorischen Kirchen dürfte eine solche Entwicklung hilfreich sein.

Die Verschiedenheit und Einheit von Universalkirche und Ortskirchen betrifft aber nicht nur den Papst mit der päpstlichen Kurie und die Bischöfe und Bischofskonferenzen. Sie betrifft alle. Oft entwickeln sich innerhalb der Ortskirchen Stimmungen, die ein fruchtbares Miteinander zwischen der päpstlichen und der lokalen Autorität behindern; sei es, dass alles, was von „Rom" kommt, einem negativen Vorurteil begegnet, sei es, dass jedwede Äußerung aus der päpstlichen Kurie als quasi unfehlbar erklärt wird. Reifer Glaube lässt sich von emotionalen Stimmungen nicht bestimmen, sondern übt Geduld und

Gelassenheit. Es zeigt sich also auch auf der Ebene Universalkirche – Ortskirchen, dass Einheit und Verschiedenheit *keine Gegensätze* sind. Es bedarf zwar der Regelungen, was Zuständigkeiten und Kompetenzen angeht, die im Kirchenrecht in und seiner Weiterentwicklung ihren Ort haben. Aber diese praktische Ebene lebt und muss getragen sein von einer *tieferen* Einheit. Das Konzil hat dies so formuliert: „In diesen Gemeinden (den Ortsgemeinden) … ist Christus gegenwärtig, durch dessen Kraft die eine, heilige, katholische und apostolische Kirche geeint wird. Denn ‚nichts Anderes wirkt die Teilhabe an Leib und Blut Christi, als dass wir in das übergehen, was wir empfangen‘."[117] Von Katholiken, die die eigene Diözese mit ihren Traditionen und Problemen mit *der Kirche* überhaupt *gleich*setzen, verlangt dies, sich für die universale Dimension von Kirche zu öffnen, in der mehr Verschiedenheit möglich ist, als sie für wünschenswert halten. Und für Katholiken, die den Papst für ihren für alles zuständigen Bischof halten, heißt das, die Autorität des eigenen Bischofs und die Entwicklung in der eigenen Ortskirche nicht zu übergehen. Wiederum zeigt sich, dass die institutionelle Dimension der Kirche, in der strukturelle Regelungen notwendig sind, nur richtig gelebt wird, wenn sie auf einer Glaubensgemeinschaft aufruht, die *als Leib Christi lebt.*

2. Heilige und Sünder

Jesu Kommen in diese Welt bringt Krisis. Krisis ist Scheidung, Gericht. Das muss sich auch auf Praxis und Gestalt der Kirche auswirken. Sie kann dem Phänomen Sünde gegenüber *nicht neutral* sein. Andererseits kann sie nicht nur aus Sündelosen, Heiligen, bestehen. Denn Jesu erstes Kommen bringt *Gnaden*gericht; es vernichtet die Sünder nicht.[118] Kirche muss also beides zur Geltung bringen: Gericht, das Sünde brandmarkt, und Gnade, die dem Sünder Vergebung anbietet.

Paulus spricht die Christen seiner Gemeinden als „Heilige" an. Seine Briefe zeigen aber auch, dass nicht alle Gemeinde-Mitglieder Heilige in dem Sinne sind, wie wir heiliggesprochene Menschen als „Heilige" verehren. Schon das Jesus-Wort „Ich bin gekommen, um die Sünder zu rufen, nicht die Gerechten" (Mt 9,13) deutet darauf hin, dass wir es hier mit einer Paradoxie zu tun haben: Kirche muss *offen* sein für Sünder und kann der Sünde gegenüber doch *nicht neutral* bleiben. Wie kann sie beides vereinen?

Für Jesus wie für Paulus ist Sünde nicht nur eine Tat oder Unterlassung, sozusagen ein momentaner Unfall. Die einzelne Sündentat ist ein *Symptom*, Frucht aus einer tieferen Wurzel. Paulus sieht die Sünde, von der er meist in der Einzelzahl spricht, als Macht, die im Menschen wirkt. Durch den Glauben und die Taufe wird der Mensch von dieser Macht befreit und dadurch befähigt, „nicht nach dem Fleisch, sondern nach dem Geist zu leben" (Röm 8,4). „Fleisch" ist der egozentrische Mensch, der von der Angst um sich selbst und von den Begierden *beherrscht* wird und deshalb zur Liebe unfähig ist. Christen sind als Menschen, „die sich vom Geist Gottes leiten lassen, Söhne Gottes" (Röm 8,14). Insofern haben sie an seiner Heiligkeit Anteil und sind geheiligt. Sie sind berufen und befähigt, nach dem Modell Christi, des Sohnes, zu leben. Paulus macht auch immer wieder klar, was das konkret an *Verhalten* verlangt. Auf den Fall von Unzucht, „dass nämlich einer mit der Frau seines Vaters lebt" (1 Kor 5,1), reagiert er so: „Im Namen Jesu, unseres Herrn, wollen wir uns versammeln, ihr und mein Geist, und zusammen mit der Kraft Jesu, unseres Herrn, diesen Menschen dem Satan übergeben zum Verderben seines Fleisches, damit sein Geist am Tag des Herrn gerettet wird" (1 Kor 5,4–5). Bereits im Evangelium findet sich der Hinweis: „Wenn dein Bruder sündigt, dann geh zu ihm und weise ihn unter vier Augen zurecht. … Hört er aber nicht auf dich, dann nimm einen oder zwei Männer mit … Hört er auf sie nicht, dann sag es der Gemeinde[119]. Hört er aber auch auf die Gemeinde nicht, dann sei er für dich wie ein Heide oder ein Zöllner" (Mt 18,15–17). Wenn die Lebensführung eines Gemeindemitglieds, sein ethisches Verhalten, in gravierendem Widerspruch zu den Normen des Evangeliums steht, kann es also dazu kommen, dass jemand aus der Gemeinde ausgeschlossen wird.

Die Bußpraxis der alten Kirche lag ganz auf dieser Linie. Sündigte jemand schwer, musste er sich dem Gemeindeleiter, dem Bischof,[120] stellen, wurde von der Teilnahme am Eucharistieteil der Messe ausgeschlossen und bekam ein Bußwerk auferlegt. Diese Buße dauerte in der Regel bis zum nächsten Gründonnerstag, konnte aber auch länger, im Extremfall ein Leben lang andauern. Dieses Verfahren wurde auf die Kapital-Sünden Glaubensabfall, Mord und Ehebruch angewandt. Im Unterschied zur heutigen Bußpraxis, die fast vollständig privat bleibt, ging es also um einen *öffentlichen* Vorgang in der Gemeinde. Dem liegt die Wahrheit zugrunde, dass Sünde nicht nur das Verhältnis des Einzelnen zu seinem Gott betrifft; sie verletzt ebenso die Kirche als Gemeinschaft der Heiligen: „Wenn ein Glied leidet, leiden alle Glieder mit" (1 Kor 12,26); wenn ein Glied sündigt, dann verletzt es den ganzen Leib. Die Lossprechung von der Sünde ist nicht nur Versöhnung mit Gott, sondern auch *Versöhnung mit der Kirche*, der Gemeinschaft „am Heiligen"[121]. Deshalb bedarf es zur Lossprechung eines Amtsträgers als Vertreter Christi *und* der Kirche.

Seit Ende des 6. Jahrhunderts änderte sich die Bußpraxis. Die Lossprechung wurde sofort nach dem Schuldbekenntnis erteilt und das Bußwerk wurde nachgeholt. Dies ging Hand in Hand mit der Entwicklung zur Privatbeichte, zu differenzierteren Schuldbekenntnissen und entsprechenden Bußen. Damit trat auch das Bewusstsein zurück, dass die Sünde des einzelnen Gliedes den ganzen Leib Christi, die Kirche als Gemeinschaft, betrifft. Diese Veränderung stand im Zusammenhang mit einer anderen: War bis in die Spätantike der *Eintritt* in die Kirche und die Taufe die markante Zäsur im Leben eines Menschen, so wurde im Mittelalter Kirchenmitgliedschaft weithin zum Normalfall. Die Taufe löste sich als Kindertaufe vom persönlichen Umkehrprozess. Die ethischen Normen der Kirche waren wenigstens grundsätzlich in der Gesellschaft anerkannt. Damit wurde das Thema Umkehr, das in der alten Kirche mit dem Eintritt in die Gemeinde und der Taufe verbunden war, ganz in die *individuelle* Lebensführung verschoben. Mit der Privatisierung von Glaube und Religion in Neuzeit und Moderne ist dann die Frage brennend geworden, warum Kirche bei der Sündenvergebung überhaupt etwas zu suchen habe; Sünde beträfe doch nur den Einzelnen und seinen Gott. Dass die einmalige Würde der menschlichen Person in der Neuzeit mehr entdeckt wurde, war ein großer Gewinn, der dem Evangelium entsprach. Daraus entwickelte sich aber zunehmend ein *Individualismus*, der den Lebenszusammenhang verleugnet, in welchem wir Menschen im Guten wie im Bösen miteinander stehen. Dieser Individualismus drang mit einiger Verzögerung auch in die katholische Kirche ein.

Bei allen Schwankungen in der Bußpraxis hat die Kirche immer daran festgehalten, dass sie als Gemeinschaft der Heiligen eine Gemeinschaft von *Sündern* ist, *die Erbarmen gefunden haben,* weiterhin auf Erbarmen *angewiesen* und zum Streben nach persönlicher Heiligkeit *verpflichtet* sind. „Wenn wir sagen, dass wir keine Sünde haben, führen wir uns selbst in die Irre, und die Wahrheit ist nicht in uns. Wenn wir unsere Sünden bekennen, ist er treu und gerecht; er vergibt uns die Sünden und reinigt uns von allem Unrecht" (1 Joh 1,8–9). Das Streben nach Heiligkeit schließt also das *Eingeständnis des eigenen Versagens* ein. So bekennt das Konzil: „Während Christus ... die Sünde nicht kannte (2 Kor 5,21), ... geht die Kirche, die in ihrem Schoß Sünder umfasst, zugleich heilig und stets reinigungsbedürftig, immerfort den Weg der Buße und Erneuerung."[122] Das Konzil erklärt auch, dass die Sünde des Einzelnen die Kirche betrifft: „Die aber zum Sakrament der Buße hinzutreten, erlangen für die Gott zugefügten Beleidigungen von seiner Barmherzigkeit Verzeihung und werden zugleich *mit der Kirche wiederversöhnt*, die sie durch ihr Sündigen verwundet haben."[123]

Die Sünde ist aber nicht nur eine Macht im *einzelnen* Glied der Kirche. Wie es in der Gesellschaft „strukturelle Sünde" gibt, so auch in der Kirche als Gemeinschaft und Institution. Denn „die pilgernde Kirche trägt in ihren Sakramenten und Einrichtungen, die zu dieser Weltzeit gehören, die Gestalt dieser Welt, die vergeht, und zählt selbst so zu der Schöpfung, die bis jetzt noch seufzt und in Wehen liegt und die Offenbarung der Kinder Gottes erwartet (vgl. Röm 8,19–22)."[124] Nur in *letzter Instanz*, in der es darum geht, dass die Kirche *als Ganze* die Glaubenssubstanz bewahrt, ist ihr der Beistand des Heiligen Geistes *garantiert*.[125] „Der Begriff der strukturellen Sünde zielt darauf ab, den Zusammenhang zwischen menschlicher Sünde und sozialen Systemen, in denen die Menschen als Täter oder als Opfer leben, zu erfassen … Er hat seinen Ursprung in der Befreiungstheologie."[126] Der Begriff fasst die vielfältigen gesellschaftlichen und geschichtlichen *Bedingungen* zusammen, unter denen Menschen konkret zu Sündern werden: Rollenzwänge und Erwartungen der menschlichen Umgebung, wirtschaftlicher Wettbewerb und eingefahrene Prozeduren, Bewertungsmaßstäbe von Seiten der öffentlichen Meinung und Abhängigkeit von Machtträgern. Dies alles sind *vorgegebene* Bedingungen, denen der Einzelne unterworfen ist, wenn er seine Entscheidungen trifft. Sie sind ethisch meist *nicht neutral*. Sie sind zwar *nicht Sünde im eigentlichen Sinn*, denn sündigen kann nur der einzelne Mensch als Person; aber sie drängen den Menschen dazu, ungerecht und lieblos zu handeln. Durch diese strukturellen Sünden übt „der Herrscher der Welt" (Joh 14,30) seine Macht aus. Unter Johannes Paul II. wurde in kritischer Stellungnahme zur Befreiungstheologie zunächst darauf hingewiesen, dass die Sünde nicht auf gesellschaftliche Systeme *abgeschoben* werden kann, wie es der Marxismus tut. Dann aber hat der Begriff Eingang gefunden in päpstliche Lehrschreiben.[127] Die genannten Bedingungen entwickeln sich *auch in der Kirche* im Zuge der Inkulturation, ohne die Kirche nicht in dieser Welt wirken kann. Diese Einsicht hat Papst

Johannes Paul II. dazu bewegt, im Namen der Kirche um Vergebung zu bitten, wo die Kirche strukturell sündig geworden ist. In seinen Vergebensbitten hat er konkrete *geschichtliche Situationen* benannt, in denen die Kirche als Gemeinschaft der Glaubenden und als Institution, die sie *auch* ist, schuldig geworden ist.

Wiederum begegnen wir dem Paradox: Die Kirche – heilig und sündig zugleich, und zwar sowohl dadurch, dass sie Sünder und Heilige als Glieder hat, als auch dadurch, dass sie selbst als Gemeinschaft und Institution Sakrament des Heils und zugleich anfällig für strukturelle Sünde ist. Dennoch zögert das Lehramt, dem lutherischen Wort, der Christ sei „zugleich Gerechter und Sünder" (simul iustus et peccator), einfach zuzustimmen.[128] Dieses Wort kann im Sinne einer unterschiedslosen Koexistenz von Sünde und Gnade und einer Nivellierung der Sünden missverstanden werden. Demgegenüber gilt, dass ein Getaufter so der Sünde verfallen kann, dass die Anteilnahme am göttlichen Leben, die „heiligmachende Gnade", in ihm verloren geht.[129] Deshalb ist der Unterschied von „Sünde, die zum Tode führt", und „Sünde, die nicht zum Tode führt" (1 Joh 5,16–17), von Belang. Aber auch der „Todsünder" ist nicht aus der sichtbaren Gemeinschaft der Kirche ausgeschlossen. Er ist so etwas wie ein totes Glied am Leib Christi, aber er wird dem sühnenden und rettenden Einfluss, der den Leib Christi durchflutet, nicht entzogen. Die Gnade der Rechtfertigung treibt den Sünder in die Arme der Barmherzigkeit Gottes, die ihn retten will. Während wachsende Sünde das Gewissen abstumpft, so dass man sich seiner Sünde nicht mehr bewusst ist, führt wachsende Gnade dazu, für sündige Keime und Anlagen in sich immer sensibler zu werden. Dies wiederum intensiviert die Hinwendung zu Gott, dem Heiligen. Er ist die einzige Quelle der Heiligkeit.

Für das Miteinander in der Kirche heißt das, immer wieder in die Schule Jesu zu gehen. Er hat in liebender Barmherzigkeit Sünder und Zöllner angenommen, gleichzeitig aber kein Hehl daraus gemacht, dass er Sünde in jeder Form, sei es als Betrug, Unzucht, Heuchelei oder Lüge, verabscheut. Sein Wort „Ich bin gekommen, um die Sünder zu rufen, nicht die Gerechten" (Mk 2,17) weist den Weg. Wenn in der Kirche ein Klima entsteht, in dem Barmherzigkeit mit Verharmlosung des Bösen verwechselt wird, dann verfehlt sie ihren Auftrag. Wenn umgekehrt nur Heilige im Sinne von Nicht-Sündern in der Gemeinde ihren Platz haben könnten, wäre die Kirche nicht *Sakrament des Heiles*, sondern würde sich zum Heil selbst erklären. Sie ist aber *nur* Sakrament, aber eben auch Sakrament des *Heils*. Alle ihre Glieder sind auf das Erbarmen Gottes *angewiesen*. „Wer sich also rühmen will, der rühme sich des Herrn" (1 Kor 1,31). Deshalb ist es kirchliche Lehre, dass niemand eine letzte Heils-G*ewissheit* haben kann,[130] solange er auf dieser Erde lebt – es sei denn durch eine Privatoffenbarung.[131]

Die Ebene, auf der der Unterschied von Sünder-Sein und Heilig-Sein liegt, ist der Leib-Christi-Dimension der Kirche sehr nahe. Sie rührt unmittelbar an das Erlösungs-Geheimnis, das darin besteht, dass Jesus die Sünde(n) der Welt auf sich genommen hat und damit vor den heiligen Gott getreten ist. Kirche als Quasi-Sakrament ist „Zeichen und Werkzeug für die innigste Vereinigung mit Gott und für die Einheit der ganzen Menschheit"[132], d. h. genau für dieses Geschehen. Sie ist dies über die Verkündigung hinaus in ihrer Bußdisziplin, die bis zum Ausschluss aus der sichtbaren Heilsgemeinschaft Kirche gehen kann. Aber auch dieser Ausschluss dient als äußerste Maßnahme, als *letzter Appell* dem Heil des davon Betroffenen. Die Kirche verkündet zwar, dass einzelne Menschen als Heilige das Heil definitiv erreicht haben; aber sie hat nie jemanden zum definitiv vom Heil Ausgeschlossenen erklärt und wird dies nie tun.

Diese Ebene darf nicht verwechselt werden mit den anderen Ebenen von Verschiedenheiten, v. a. nicht mit der Ebene Amtsträger – Laien (s. u. 6.), etwa so, als ob Amtsträger durch ihre Sünden ihre Vollmacht verlieren würden, oder mit der Ebene Weltchristen – Ordensleute (s. u. 4.), als ob Menschen schon dadurch, dass sie Ordensleute sind, heiliger wären als andere.

3. Unterschiedliche Grade der Intensität und Identifikation in Bezug auf Glauben und Kirche

Diese Verschiedenheit der Glieder der Kirche betrifft die Ebene ihres Hineinwachsens in den vollen Glauben und in ein volles christliches Leben. Sie ist deshalb mit der vorigen Ebene (2) eng verbunden, aber doch nicht identisch damit. Christ-Werden ist ein *Prozess*; man ist nicht Christ, man *wird es*. Geht es doch darum, Christus, dem Sohn Gottes, ähnlich zu werden. Das geht nur durch einen *Umwandlungsprozess*[133], der dazu führt, „neue Schöpfung" (2 Kor 5,17) zu werden. Mit diesem Ausdruck geht Paulus bis ans Äußerste, um anzuzeigen, wie weitreichend die Veränderung ist, die Christ-Werden bedeutet. Diese Verschiedenheit wirkt sich in der Kirche als Glaubensgemeinschaft und Institution *von innen her* auf alles aus, was mit Kirche zu tun hat. Gleichzeitig ist sie am schwersten in einer Struktur zu fassen. Je mehr der persönliche Glaube auch in der Kirche Privatsache geworden ist, desto weniger ist man bereit, diese Verschiedenheit zu beachten und zu reflektieren. Kann sich die Kirche das auf Dauer leisten?

Mitglied in der Institution und Glaubensgemeinschaft Kirche zu sein und Gliedschaft am Leib Christi gehören zusammen, ohne deshalb schon deckungsgleich zu sein. Mitglied in der Kirche zu werden kann deshalb nicht einfach wie bei einem Verein durch Beitritts-Erklärung und Mitglieds-Beitrag geschehen. Die Kirche der ersten Jahrhunderte hatte deshalb das Katechumenat entwickelt, das der Einführung in den Glauben diente. Die Kirche bestand also aus zwei *öffentlich wahrnehmbaren* konzentrischen Kreisen: einem äußeren der Katechumenen, die schon in Beziehung zur Kirche standen, aber noch nicht voll zu ihr gehörten und nicht am ganzen Leben der Kirche teilnehmen konnten; und dem inneren Kreis derer, die voll an ihrem Leben teilnahmen. Diejenigen, die sich im Büßerstand befanden, kann man als einen dritten Kreis dazwischen sehen.

Mit dieser Struktur hat die alte Kirche aufgenommen, was schon im Neuen Testament zu finden ist. Dort gibt es die Unterscheidung zwischen denen, die „Milch" brauchen, und anderen, die schon „feste Speise" vertragen können: „Denn obwohl ihr der Zeit nach schon Lehrer sein müsstet, braucht ihr von neuem einen, der euch die Anfangsgründe der Lehre von der Offenbarung Gottes beibringt; Milch habt ihr nötig, nicht feste Speise" (Hebr 5,12).[134] „Die Anfangsgründe der Lehre" werden dann so aufgeführt: „Belehrung über die Abkehr von toten Werken, über den Glauben an Gott, über die Taufen, die Handauflegung, die Auferstehung der Toten und das ewige Gericht" (Hebr 6,1–2).

Dort wo die meisten Mitglieder der Kirche als Kinder getauft wurden, gibt es nur noch in Ausnahmefällen ein Katechumenat. Viele derer, die sich als Vollmitglieder der Kirche fühlen, sind nie *wirksam* in den Glauben eingeführt worden, so dass er zur Kraft und Richtschnur ihres Lebens geworden wäre. Andererseits gibt es nicht wenige, die ihren Glauben intensiv leben. So haben wir auch heute faktisch eine *Zweiteilung* in der Kirche: jene, die nur „einen religiösen Segen für ihr Leben" suchen, und jene, die als Kerngemeinde ihr Christ-Sein als Nachfolge Christi leben wollen.[135] Man kann als einen dritten, äußersten Kreis noch jene sehen, die zwar am *Glaubens*leben der Kirche nicht teilnehmen,[136] aber die Konsequenz, den Kirchenaustritt, (noch) nicht vollzogen haben. Wir haben also auch heute so etwas wie *konzentrische Kreise* in der Kirche. Der entscheidende Unterschied zur altkirchlichen Situation ist ein zweifacher: zum einen, dass *von Seiten der Kirche* kein Unterschied zwischen ihnen gemacht wird und alle gleich behandelt werden – von wenigen Ausnahmen abgesehen, wie z. B. den Geschieden-Wiederverheirateten; das gilt sowohl für die Sakramenten-Pastoral wie für die Verkündigung; es gilt auch für die Übernahme von Mitverantwortung und Mitentscheidung, wie z. B. im Pfarrgemeinderat. Zum anderen, dass es *kaum Bewegung* gibt. Die äußeren Kreise sind – von Einzelfällen abgesehen – nicht in Bewegung nach innen, und das seit langem. Eher bewegen sich die Menschen der inneren Kreise nach außen, indem sie sich definitiv von der Kirche verabschieden. Bis heute hat es die Kirche in Deutschland versäumt, ihr Angebot auf diese Situation auszurichten. Sie bietet allen alles an: alle Sakramente und die *Höchstfeier* des Glaubens, die Eucharistiefeier. Wo das Kirchenrecht die Teilnahme einschränkt, werden diese Einschränkungen mit Berufung auf das Gewissen vielfach unterlaufen.

Diese Entwicklung hängt damit zusammen, dass der *Weg*-Charakter des Glaubens[137] nicht bewusst ist. Das wiederum hat sich daraus ergeben, dass sich die Mehrzahl der Christen durch Familien-Zugehörigkeit in ihrer Kirche vorfinden und dass offengeblieben ist, *ob* sie sich und *wofür* sie sich entschieden haben. Zur Entscheidung wurden sie auch von Seiten der Kirche nicht herausgefordert, höchstens dann, wenn es um „Personenstands-Veränderung" durch Heirat oder Geburt ging. So ist Kirchenmitgliedschaft *verobjektiviert* und *verrechtlicht* worden. Worte wie „Amtskirche" und „Kirchen-Behörde" verraten das. Sie geben ein weit verbreitetes Empfinden wieder, das die öffentliche Meinung prägt und v. a. bei denen zu finden ist, die zu den beiden äußeren Kreisen gehören. Die persönliche Seite der Mitgliedschaft, die ja für das Leben entscheidend ist, bleibt dabei ausgeblendet. Infolgedessen ist diese persönliche Seite zunehmend *subjektiviert und privatisiert* worden. Viele sehen die Kirche deshalb als „Service-Institution", die ihnen durch Gottesdienst- und Sakramenten-Angebot Lebenshilfe zu leisten hat. Wenn Paulus Christ-Sein in einer Kurzformel so ausdrückt: „Nicht mehr ich lebe, sondern Christus lebt in mir" (Gal 2,20), dann meint er *nicht ein Ideal*, das vielleicht für eine Elite, nicht aber für den durchschnittlichen Menschen erreichbar wäre.[138] Was Paulus formuliert, ist vielmehr *Verheißung Gottes*, die das Ziel anzeigt, zu dem wir unterwegs sind.

Hinter dieser Verheißung steht die Treue Gottes, der sich mit seiner Gnaden-Macht dafür verbürgt, dass seine Verheißung in unserem Leben Realität wird, wenn wir uns im Glauben dafür öffnen.

Wenn Kirche ihrem Auftrag gehorsam sein will, muss sie also ihre Pastoral der beschriebenen Situation anpassen. Wie aber kann sie das? Ist es in Bezug auf etwas so Persönliches und Innerliches wie den Glauben passend, die Menschen in Kategorien einzuteilen: Anfänger (Katechumene), Fortgeschrittene und Voll-Gläubige? Wer kann über „Identifikation" und „Intensität" des Glaubens urteilen? Der neuzeitliche und moderne Mensch reagiert ja mit Recht allergisch, wenn er den Eindruck bekommt, von außen beurteilt zu werden. So kann man verstehen, dass heute viele auch in der Kirche meinen, über Glaube und Glaubensdinge – also auch über Grad und Art des Mitlebens in der Kirche – könne und dürfe *allein* der einzelne Mensch selber entscheiden und *keine kirchliche Instanz* habe ihm dabei dreinzureden. Kirche ist aber kein Supermarkt, aus dem man sich je nach Bedarf und Geschmack das holt, was einem passt.

Sie hat den Auftrag, ein ihr und den Menschen *vorgegebenes* Angebot zu machen. Daraus ergeben sich für alle *verbindliche* Maßstäbe des Glaubens, sowohl inhaltlich als auch lebenspraktisch. Daraus folgt auch eine verbindliche *Gemeinschaft*. Das Neue Testament macht das in allen seinen Schriften unmissverständlich klar. Andererseits kann und muss dieses verbindliche Angebot von jedem Menschen in *persönlicher, letztlich einmaliger Weise* auf- und angenommen werden. Daraus ergeben sich unterschiedliche Wege, so dass in der einen Glaubensgemeinschaft Kirche Menschen miteinander unterwegs sind, die den Glauben in unterschiedlichem *Grad an Identifikation und Intensität* aufgenommen und angeeignet haben. Es muss also beidem Rechnung getragen werden: der objektiven, verbindlichen Seite und der subjektiven, persönlichen Seite des Glaubens. Das eine verlangt nach Kriterien, an denen erkannt und ausgesagt werden kann, *wie weit* jemand in den neutestamentlichen Glauben hineingewachsen und sich für ihn entschieden hat. Das andere erfordert *Spielraum*, der dem Einzelnen ermöglicht, jeweils seinen Weg zu finden und auszudrücken. Wiederum eine widersprüchlich scheinende Aufgabe.

Aber sie ist es eigentlich nicht. Denn *zum Menschsein* gehört beides: einerseits, dass der Mensch sich nur verwirklicht, wenn er sich mit der ihm *vorgegebenen* Wahrheit der Schöpfungswirklichkeit und der Offenbarung auseinandersetzt; zum anderen, dass er den Weg geht, bis sie zur Wahrheit *seines Lebens* geworden ist. Ohne das erste verliert er sich in eine subjektive Traumwelt; ohne das zweite bleibt die Wahrheit theoretisch und bestimmt sein Leben nicht. Kirche muss also in ihrer Verkündigung und Pastoral mit der Wahrheit des Evangeliums *konfrontieren* und zur Auseinandersetzung damit *herausfordern*. Und sie muss Gelegenheit geben, dass die Menschen *Rechenschaft* darüber ablegen können, wie diese Auseinandersetzung ausgegangen ist.

In einer Welt, die mit Recht der freien Entscheidung des Einzelnen einen hohen Wert beimisst, muss Pastoral vor allem durch *Einladung* operieren. Sie muss gleichzeitig deutlich machen, was die jeweilige Einladung *von der Sache her*, zu der eingeladen wird, vom Eingeladenen verlangt, damit sie für ihn fruchtbar wird; z. B. dass die volle Teilnahme an der Eucharistie nur sinnvoll ist, wenn man von dem sich hingebenden Christus *leben* will; denn das vollzieht man ja, wenn man seinen Leib *isst*. Die Achtung vor der Freiheit des Einzelnen verlangt auch, dass man ihm klar sagt, *zu was* er sich entscheidet, wenn er die Einladung annimmt, z. B. bei einer kirchlichen Eheschließung. Dies zu unterlassen, ist nicht nur eine Missachtung der Ehe, sondern auch der Personwürde dessen, der kirchlich heiraten will. Die Pastoral muss also *weg*kommen vom *Alles oder nichts*: Volle Teilnahme an allen Angeboten oder gar keine Teilnahme. Sie muss *Weg-Begleitung* werden; sie muss für die unterschiedlichen Etappen des Weges unterschiedliche Angebote bereitstellen, angefangen bei denen, die erstmals tastend ihre Fühler ausstrecken, um in Kontakt mit dem Evangelium zu kommen, bis hin zu denen, die „von Christus Jesus ergriffen" (Phil 3,12) und „geisterfüllt" (1 Kor 3,1) dabei sind, durch weitreichende Entscheidungen ihr Leben umzukrempeln.

Die Verschiedenheit an Identifikation und Intensität durchdringt das ganze Leben der Kirche als Glaubensgemeinschaft. Sie bringt zwar Probleme mit sich, bietet aber auch die Chance, dass *alle unterwegs bleiben* zu einer immer größeren Intensität und Identifikation mit dem Glauben. Dem muss in der Verkündigung, Liturgie und Pastoral Rechnung getragen werden. Das Konzil mahnt deshalb die Priester: „Noch so schöne Zeremonien und noch so blühende Vereine nützen wenig, wenn sie nicht auf die Erziehung der Menschen zu *christlicher Reife* hingeordnet sind."[139] Dieser „Erzieher"-Aufgabe kommt heute eine erhöhte Bedeutung zu.

So wird Kirche, wird Gemeinde *Lernort des Glaubens:* miteinander und aneinander lernen, wie Leben aus dem Glauben an Christus geht. Es dürfte deshalb hilfreich sein,

Menschen, die gerade angefangen haben, sich mit Christus zu beschäftigen, und Menschen, die schon „in Christus" leben,[140] *zum Austausch zusammenzubringen.* Dann erleben Suchende, wie Entschiedene ihren Glauben praktizieren, und diese wachsen an den Fragen, die ihnen von den „Neulingen" gestellt werden. Gelegenheit dazu könnte z. B. in der Tauf- und Ehevorbereitung sein, indem sie in Gruppen geschieht, die durch das Zeugnis engagiert Glaubender animiert werden. Für die, die den Glauben intensiv leben, braucht es aber auch Austauschgruppen, in denen sie *verbindlich miteinander* unterwegs sind. Kirche ist Bewegung[141] und lebt in unterschiedlichen Zusammenkünften. So können alle Kirche erleben als das *pilgernde* Volk Gottes in *Einheit und Verschiedenheit.*

4. Welt- und Ordens-Christen

Schon im öffentlichen Leben Jesu zeigten sich zwei verschiedene Weisen, sich Jesus zuzuwenden: die eine Weise bei denen, die ihm buchstäblich nachfolgten, alles stehen und liegen ließen und mit ihm umherzogen; und die andere Weise bei denen, die ihm zuhörten, sich von ihm heilen ließen und ihm und den seinen Gastfreundschaft gewährten, aber in ihren familiären und beruflichen Bindungen verblieben. Diese beiden Weisen leben in der Kirche fort als die Zweiheit von *Ordens-Stand und Welt-Stand* des Christ-Seins.

Das Wort „Stand" drückt genau aus, worum es in dieser Verschiedenheit geht: darum, wie man im Leben *steht,* wie man mit den *schöpfungsgemäßen* Gegebenheiten des Menschseins umgeht: auf Nahrung, Kleidung und Wohnung angewiesen zu sein; sich nach ganzmenschlicher Ergänzung und Kindern zu sehnen; das eigene Leben selbst zu gestalten. Diese Grundstrukturen menschlichen Lebens sind mit den sogenannten evangelischen Räten angesprochen: der materielle Besitz in dem Rat der *Armut*; die Ehe im Rat der *Keuschheit*; die selbstbestimmte Gestaltung des Lebens im Rat des *Gehorsams*.

Was tut ein Mensch, wenn er Gelübde ablegt und darin Armut, Keuschheit und Gehorsam gelobt? Auch er kann nicht ohne materielle Mittel existieren. Er verzichtet aber darauf, sein Leben durch einen selbst erwählten Beruf und individuelles Eigentum zu sichern und zu gestalten. Auch er lebt nicht ohne Beziehungen; aber er verzichtet darauf, seinem Leben in einer ganzmenschlichen, auch sexuellen Beziehung affektive Erfüllung und Sinn zu geben. Er muss auch weiterhin Entscheidungen über sich und seine Lebensgestaltung treffen; aber er bindet sich dabei an eine Instanz, die über ihn verfügen und ihm verbindlich auferlegen kann, was er zu tun hat.

Zum Ordensstand zählt man Allein-Lebende, sogenannte Eremiten, jene, die sich einer Ordensgemeinschaft anschließen, und schließlich Menschen, die als Glieder eines Säkularinstituts in der Welt leben.[142] Eigentlich sind auch zölibatäre Priester Ordensleute; denn durch ihre Ehe- und Kinderlosigkeit und ihre materielle Versorgung durch die Diözesen haben sie ihren Stand nicht in der Welt. Bei den Ordens*gründungen* ist im Laufe der Jahrhunderte eine Bewegung aus der „Wüste" in die Stadt hinein zu beobachten: Aus der äußeren Geschiedenheit von der Welt, die sich in Ort, Kleidung und Lebensform zeigte, immer mehr hinein mitten unter die Menschen. Fast immer stehen am Anfang einer Neugründung eine Gründungs*person* und eine Gründungs*gruppe*. Der Heilige Geist inspiriert sie und lässt sie das Evangelium auf eine neue Weise entdecken. Die entstehende Gemeinschaft ist in ihrer Lebensweise und ihrer Zielsetzung davon geprägt. So entsteht eine jeweils *eigene Spiritualität*, die dann mit ihrem Namen verbunden bleibt und die Kirche bereichert.[143]

Die genannten „Räte" heißen „evangelisch", weil sie im Evangelium zu finden sind. Am deutlichsten gilt dies von der Armut: „Darum kann keiner von euch mein Jünger sein, wenn er nicht auf seinen ganzen Besitz verzichtet" (Lk 14,33). Jesus selbst lebte ehelos und ließ es zu, dass Menschen ihre Familie verließen, um mit ihm zu ziehen. „Jeder, der um des Reiches Gottes willen Haus oder Frau, Brüder, Eltern oder Kinder verlassen hat, wird dafür schon in dieser Zeit das Vielfache erhalten und in der kommenden Welt das ewige Leben" (Lk 18,29–30). Und Jesus selbst hat in seinem Lebensschicksal Gott ganz über sich verfügen lassen; er wurde „gehorsam bis zum Tod, bis zum Tod am Kreuz" (Phil 2,8).

Auf die Frage, „wann das Reich Gottes komme", antwortet Jesus: „Das Reich Gottes ist (schon) mitten unter euch" (Lk 17,20–21). In ihm, dem Menschensohn, ist es *schon in diese Welt hereingebrochen*. Nach einem Wort Jesu ist es deshalb nicht nur möglich, sondern notwendig, dem Reich Gottes Priorität einzuräumen: „Euch muss es *zuerst* um sein Reich und seine Gerechtigkeit gehen; dann wird euch alles andere dazugegeben" (Mt 6,33).[144] Die evangelischen Räte buchstabieren nur aus, was das konkret heißt: Alles andere ist von dem Platz, den es in unserem Leben beansprucht, weggerückt worden. Solange wir in Sorge um uns und unser Überleben befangen sind, nimmt all das andere den ersten Platz ein; wer Jesus wirklich entdeckt, räumt *ihm* den ersten Platz ein. Das gelingt nur dem, der sich mit Jesus der Fürsorge des Vaters im Himmel überlässt.

So wird klar, dass der Unterschied zwischen Christen im Ordensstand und Christen in der Welt nicht darin besteht, *ob* sie die evangelischen Räte beherzigen oder nicht. Die Frage heißt vielmehr, *wie* sie das tun. Diejenigen, die in einen Orden eintreten, wählen damit eine neue *Ausgangssituation* für ihr Leben, die eine *erhöhte Chance* bietet, real arm, ohne affektiv befriedigende Beziehung und mit konkreten Verfügungen anderer über sich zu leben. Sie tun das nicht deshalb, weil eine solche Lebenssituation *in sich* wertvoller wäre. Sie tun es allein deshalb, weil Christus selbst sein Leben so strukturierte und dadurch sichtbar machte, dass das Reich Gottes *schon angebrochen* ist. Ordensleute weisen durch ihre Gelübde und die davon geprägte Lebensweise darauf hin, dass Gott uns „*schon jetzt mit Freude* an den Gütern der kommenden Welt erfüllen"[145] will. In der Spannung Inkulturation – Exkulturation legen Ordensleute den Akzent auf die Exkulturation, Weltchristen hingegen auf die Inkulturation.

Wie leben Christen in der Welt die evangelischen Räte? Sie leben sie *je und je neu* in den Lebenssituationen, in die sie durch Broterwerb, Familie und eigene Entscheidungen hineingestellt sind. Ihr „Stand" ist innerhalb der Schöpfungsstrukturen. Von diesem Stand aus „springen" sie gleichsam *je und je neu* in die Nachfolge hinein. Paulus drückt es so aus: „Das sage ich, Brüder, die Zeit ist kurz. Daher sollten die, die Frauen haben, sein wie wenn sie keine hätten, die weinen, wie wenn sie nicht weinten, die sich freuen, als freuten sie sich nicht, die auf dem Markt zu tun haben, als hätten sie nichts damit zu tun, und die sich die

Welt zunutze machen, als ob sie sie nicht ausnützten; denn die Gestalt dieser Welt vergeht. Ich wünsche aber, dass ihr unbesorgt seid" (1 Kor 7,29–32).[146] Er beschreibt damit die *innere Freiheit*, die als Haltung so in der Welt zu leben ermöglicht: *nicht besetzt* zu sein von den Dingen und Menschen, mit denen man lebt, mit denen man zu tun hat und für die man Verantwortung trägt. Anders formuliert: Als Christen leben alle *den Geist* der evangelischen Räte.

So kann es durchaus sein, dass Christen in der Welt die evangelischen Räte *tatsächlich* mehr verwirklichen als Ordensleute, die zwar ihr Leben *strukturell* nach ihnen ausgerichtet haben, wobei aber offenbleibt, wieweit sie in ihrem Leben *konkret* werden. Nehmen wir als Beispiel auf der einen Seite eine Familienmutter in einem Slum, deren Mann sie verlassen hat und die für ihre drei Kinder sorgt; sie lebt tagtäglich Armut und Einsamkeit und verfügt über keinerlei Spielraum, um aus ihrem Leben „etwas zu machen"; und auf der anderen Seite einen Ordensmann, der eine faszinierende Aufgabe hat, die ihn außerdem mit vielen Menschen in Beziehung bringt und für den durch seine Gemeinschaft auch in Krankheit und Alter gesorgt ist. So relativiert sich der Unterschied.

Dennoch ist der Ordensstand für die Kirche wesentlich. Durch die *freiwillige* Entscheidung, ihr *ganzes Leben definitiv* der Nachfolge Christi zu widmen und von den evangelischen Räten von vornherein bestimmen zu lassen, setzen Ordensleute ein unübersehbares Zeichen: In Christus ist das Reich Gottes in dieser Weltzeit *schon so gegenwärtig*, dass man sein Leben ganz darauf auszurichten vermag. Es *bedarf beider* Stände in der einen Kirche. Weist der Ordensstand darauf hin, dass die eschatologische Zukunft schon begonnen hat, zeigt der Weltstand, dass wir noch in der

Schöpfungsordnung dieser Weltzeit leben. Beide Stände sind aufeinander verwiesen, denn nur zusammen machen sie sichtbar, wie Kirche in der Zeit steht.[147] Zum Christ-Sein *in der Welt* gibt es keine besondere Berufung, weil der „Stand in der Welt" mit dem Geschöpf-Sein schon gegeben ist; wohl aber bedarf es der Berufung, damit aus dem In-der-Welt-Sein ein *Christ-Sein* in der Welt wird. Zum Ordensstand bedarf es hingegen einer ausdrücklichen Ermächtigung, die als besonderer Ruf erfahren wird.[148] Bevor jemand zur definitiven Bindung in den Gelübden zugelassen wird, muss gründlich geprüft werden, ob es nicht Flucht vor den herausfordernden Zumutungen von Ehe, Erwerbsleben und Selbstverantwortung ist, die ihn in den Orden geführt hat. Als *Stand* ist der Ordensstand zeichenhaft zwar näher an Christus;[149] als *einzelne Menschen* können Welt-Christen jedoch durchaus näher bei Christus sein.

5. Unterschiedliche Spiritualitäten

Nicht nur das Neue Testament, sondern auch die Vielzahl an Heiligen zeigt die große *Variationsbreite* dessen, wie Leben in Christus sein kann. Auch in seiner Vollgestalt ist christliches Leben verschieden. Diese Verschiedenheit ist nicht von Faktoren bestimmt, die dem Glauben äußerlich sind, sondern erwächst gerade aus dem *inneren* Reichtum des Erbes Jesu Christi. Der Spiritus Creator, der Heilige Geist selbst, *schafft* diese Verschiedenheit. Deshalb ist es treffend, sie *Spiritualitäten* zu nennen.[150] Sie sind mit den Namen derer verbunden, die sie jeweils ursprünglich gelebt haben, z. B. Benedikt von Nursia,

Franz von Assisi, Ignatius von Loyola oder Charles de Foucauld; oder auch mit einem Ort oder Symbol, dem sie besonders verbunden sind, wie Schönstatt oder Fokolare (Herd). Meist gibt es eine Gründungs*gruppe,* aus der sich schnell eine größere Gemeinschaft entwickelt hat. Daraus entstanden vielfach ein männlicher Orden, eine oder mehrere weibliche Ordensgemeinschaften und eine Laienbewegung, eine geistliche Gemeinschaft.[151]

Die Verschiedenheit der Spiritualitäten besteht *nicht* in einer verschiedenen *inhaltlichen Auswahl* aus der Fülle dessen, was den christlichen Glauben ausmacht.[152] Sie erwächst vielmehr aus dem, was die Gründerpersönlichkeit zuerst und vor allem am Evangelium ergriffen hat. Daraus ergibt sich jeweils eine andere *Perspektive*, in der das Ganze des Evangeliums in den Blick kommt. So entstehen jeweils verschiedene *Profile* in der Lebensweise. Das führt dann auch zu verschiedenen *Akzenten* in der Verwirklichung. Demut z. B. ist für alle Spiritualitäten wichtig; in der benediktinischen Spiritualität wird sie v. a. als Einordnung in die Gemeinschaft konkret, in der franziskanischen als arme Lebensweise und in der ignatianischen als Verfügbarkeit. Die verschiedenen Spiritualitäten sind also verschieden, stehen aber *nicht im Gegensatz* zueinander. Alle Versuche, sie zu kategorisieren in kontemplative und aktive, monastische und apostolische oder alte und moderne Spiritualitäten bleiben äußerlich und treffen nicht wirklich das, worin sie *gleichzeitig verschieden und eins* sind. So lebt in ihnen die Einheit der Kirche in der Verschiedenheit ihrer Glieder auf besonders geheimnisvolle Weise. Das verlangt von den Anhängern einer Spiritualität bei aller Freude am Eigenen, die anderen Spiritualitäten nicht abzuwerten.

Letztlich ist jeder Christ berufen, seine *eigene* Spiritualität zu finden. Aber wie im menschlichen Leib gibt es auch im Leib Christi Glieder, die an *Schlüsselstellen* gestellt wurden; sie sind *exemplarisch* geworden, so dass andere durch sie zur Nachfolge entzündet wurden. Sie sind zum Modell für andere geworden. Die von ihnen Angesteckten sind aber aufgerufen, auf *ihre je eigene* Weise zu verwirklichen, was sie am Beispiel der Gründerperson entdeckt haben.

6. Amtsträger, Laien, Charismen

Die Verschiedenheit zwischen Amtsträgern und Nicht-Amtsträgern, genannt Laien, hat die katholische Kirche seit der nachapostolischen Zeit sehr geprägt. Im Neuen Testament ist sie zunächst jedoch eingebettet in eine *umfassendere Verschiedenheit*, wie sie in den sogenannten Charismen-Tafeln aufgeführt wird. Der Epheserbrief, der als Kirchenbrief schlechthin gelten kann, weist der Verschiedenheit der Charismen sogleich als *einzige Aufgabe* zu, „die Heiligen für die Erfüllung ihres Dienstes zu rüsten, für den Aufbau des Leibes Christi" (Eph 4,12).

Damit ist die Ebene benannt, um die es bei dieser Verschiedenheit geht: um den *Aufbau des Leibes Christi*. An diesem Dienst sind *alle* Glieder seines Leibes beteiligt, ob sie ein Weiheamt innehaben oder nicht. Auch das Weiheamt dient dieser Zielsetzung und wird deshalb vom II. Vatikanischen Konzil „Dienstamt"[153] genannt. Die sogenannten Charismen-Tafeln zählen folgende Dienste auf: Apostel, Propheten, Lehrer, Wunder tun, Krankheiten heilen, helfen, leiten, verschiedene Arten von Zungenrede.[154] Das Konzil spricht in diesem Zusammenhang von „Gnadengaben": „Solche Gnadengaben, ob sie nun von besonderer Leuchtkraft oder aber schlichter und allgemeiner verbreitet sind, müssen mit Dank und Trost angenommen werden, da sie den Nöten der Kirche besonders angepasst und nützlich sind."[155] Auch in dieser Hinsicht führte das Konzil aus einer Verengung auf *einen* Dienst, den des geistlichen Amtes, heraus und hob den Horizont für die ganze Weite der Dienste wieder ins Bewusstsein.

Das ändert aber nichts daran, dass der Dienst des geistlichen Amtes *grundlegend* ist. Dies kommt sehr gut in einem ökumenischen Konsenstext zum Ausdruck: „Innerhalb der Kirche gibt es eine Vielfalt von Diensten und Charismen des Heiligen Geistes, die gemeinsam Jesus Christus bezeugen und zusammen dem Aufbau des einen Leibes Christi dienen (1 Kor 12,4–31). Paulus bezeugt, dass Gott in der Kirche die erste Stelle den Aposteln gegeben hat; aber er weist zugleich darauf hin, dass in das Gefüge der Vielfalt der Charismen auch dasjenige der Leitung gehört (1 Kor 12,28). In den Pastoralbriefen wird bereits ein Amt der Leitung deutlich erkennbar (1 Tim 3,1; 4,14; 2 Tim 1,6; Tit 1,6 f.). Aufgrund solcher vielfältigen neutestamentlichen Ansätze hat sich in der frühen Kirche das kirchliche Amt ausgebildet. *Es vergegenwärtigt* in ständigem Bezug auf die maßgebliche apostolische Tradition *die Sendung Jesu Christi*. Die Präsenz dieses Amtes in der Gemeinschaft ‚ist *Zeichen der Priorität der göttlichen Initiative und Autorität* im Leben der Kirche‘. Es ist deshalb nicht bloße Delegation „von unten", sondern Stiftung (institutio) Jesu Christi."[156]

Weiter heißt es im selben Dokument: „Insofern das Amt im Auftrag und als Vergegenwärtigung Jesu Christi ausgeübt wird, steht es der Gemeinde in Vollmacht *gegenüber*. ‚Wer euch hört, der hört mich‘ (Lk 10,16). Die Vollmacht des Amtes darf deshalb nicht als Delegation der Gemeinde verstanden werden."[157] Vollmacht und Autorität verlangen von der anderen Seite *Gefolgschaft und Gehorsam*. In einer Gesellschaft, die von der Vorstellung ausgeht, dass alle gesellschaftliche Macht vom Volk ausgeht, und die in ihrer Geschichte schlimme Erfahrungen mit Autorität und Gehorsam gemacht hat, sind das Reizworte. Für Kirche aber ist grundlegend, dass sie *von Gott* gegründet ist und nicht aus der freien Initiative von Menschen entstanden ist. Zu beachten ist jedoch, dass das Amt „Vergegenwärtigung" und „Zeichen" der Autorität Gottes und nicht Gott selbst ist. All das weist auf den Zusammenhang hin, in dem das Amt in der Kirche steht: Es ist *rückgebunden an den Ursprung* der Kirche in Christus durch die Apostel und ist dazu da, diesen Ursprung in Verkündigung und Sakramenten für alle über die Jahrhunderte hinweg *zugänglich* zu machen. Deshalb ist der „ständige Bezug auf die maßgebliche apostolische Tradition"[158] wichtig.

In den Charismen-Tafeln stehen regelmäßig zwei Dienste an erster Stelle: Apostolat und Prophetie. Sie werden sogar als „Fundament" des Kirchenbaus bezeichnet: „Ihr seid auf das Fundament der Apostel und Propheten gebaut" (Eph 2,20).[159] Im 1. Korintherbrief sind diese beiden Dienste wie auch der des Lehrers wie persongebundene Ämter formuliert, während die anderen Charismen als „Kräfte" und „Gaben" bezeichnet werden: „So hat Gott in der Kirche die einen als Apostel eingesetzt, die anderen als Propheten, die dritten als Lehrer; ferner verlieh er die Kraft, Wunder zu tun, sodann die Gaben, Krankheiten zu heilen, zu helfen, zu leiten, endlich die verschiedenen Arten von Zungenrede" (1 Kor 12,28). Die zitierten Formulierungen lassen vermuten, dass es neben dem apostolischen Dienst so etwas wie ein neutestamentliches Prophetentum als gängige Erscheinung in den ersten Gemeinden gegeben hat.

Im Papst und in den Bischöfen ist der apostolische Dienst bis heute in der Kirche präsent. Wo aber sind die Propheten geblieben? Wo sind auch andere der genannten Charismen geblieben? Bereits die Pastoralbriefe zeigen, wie im Laufe kurzer Zeit die eher außergewöhnlichen Phänomene zurückgetreten sind zugunsten einer soliden Ordnung und Struktur in den Gemeinden. Demgegenüber lässt der 1. Korintherbrief erahnen, wie es in den Gottesdiensten dort zuging. Vor allem das Zungenreden scheint überhandgenommen und chaotische Situationen hervorgerufen zu haben, so dass Paulus zur Ordnung mahnen musste. Er betont allerdings gleichzeitig den Wert der *prophetischen* Rede. „Wer in Zungen redet, erbaut sich selbst; wer aber prophetisch redet, baut die Gemeinde auf. Ich wünschte, ihr alle würdet in Zungen reden, weit mehr aber, ihr würdet prophetisch reden" (1 Kor 14,4–5). Er möchte Gottesdienste, bei denen alle aktiv teilnehmen: „Wenn ihr zusammenkommt, *trägt jeder etwas bei*: einer einen Psalm, ein anderer eine Lehre, der dritte eine Offenbarung; einer redet in Zungen, und ein anderer deutet es." Zum Schluss nennt er als Prinzip: „Alles geschehe so, dass es aufbaut" (1 Kor 14,26).[160] Ordnung und Struktur sind wichtig, damit das Ziel nicht aus dem Blick gerät. Leben aber wird durch sie nicht gezeugt; dafür braucht es die *schöpferische Kraft des Heiligen Geistes*, der „weht, wo er will" (Joh 3,8). Tatsächlich sind Gaben und Charismen in der Kirche über die Jahrhunderte hin *keineswegs ausgestorben*. Sie fanden ihren Ort allerdings weniger im Gottesdienst. In der mündlichen wie schriftlichen Verkündigung haben sie sich durchaus auch in prophetischer Weise entfaltet, wie sie auch in der Caritas und im Vereinswesen als „Helfen" und „Leiten" gegenwärtig geblieben sind. Darüber hinaus geschahen und geschehen durch Heilige und an Wallfahrtsorten auch „Wunder" (1 Kor 12,28). Auf diese Weise haben Charismen und Gaben auch weiterhin die Kirche verlebendigt.

Dennoch muss man fragen: Wie kann die Charismen-Vielfalt der ersten Zeit wiedergewonnen werden? Bauen unsere eher überstrukturierten und wohlgeordneten Gottesdienste wirklich auf? Das Konzil sieht in diesem Zusammenhang besonders die Amtsträger in der Pflicht: „Es obliegt den Priestern als Erziehern im Glauben, selbst oder durch andere dafür zu sorgen, dass *jeder* Gläubige im Heiligen Geist angeleitet wird zur Entfaltung *seiner persönlichen Berufung* nach den Grundsätzen des Evangeliums, zu aufrichtiger und tätiger Liebe und zur Freiheit, zu der Christus uns befreit hat."[161] Selbst diese Aufgabe müssen die Amtsträger nicht allein erfüllen; sie können auch „durch andere dafür sorgen". Es spricht vieles dafür, dass die hierzulande abnehmende Zahl von Priestern von Gott gewollt oder wenigstens zugelassen wird, um die unterschiedlichen Berufungen und Charismen wieder stärker zur Entfaltung zu bringen. Bei der in jüngster Zeit erfolgten Bildung von Pfarreiverbänden oder Seelsorgseinheiten war vielfach die Zahl der verfügbaren Priester der Ausgangspunkt. Dies entspricht der Grundstruktur von Kirche. Die größeren Einheiten bieten nun die Chance, dass die Nicht-Amtsträger aus ihrer Passivität heraustreten und entsprechend ihren Berufungen und Charismen gemeinsam mit dem Amtsträger das Leben der Kirche vor Ort gestalten. Dies verlangt von allen Beteiligten Kooperationsbereitschaft und -fähigkeit, damit in der Verschiedenheit der Gaben Einheit verwirklicht wird.

Die geistliche Bewegung der charismatischen Erneuerung hat viel von der ursprünglichen Vielfalt der Charismen wiederentdeckt oder besser: Der Heilige Geist hat gezeigt, dass diese Vielfalt *auch heute geschenkt* wird – inklusive der eher außergewöhnlichen Gaben wie der prophetischen Rede und der Krankenheilung. Dass damit Gefahren verbunden sind, spricht nicht gegen sie. „Das Urteil über ihre (der Gnadengaben) Echtheit und ihren geordneten Gebrauch steht bei jenen, die in der Kirche die Leitung haben und denen es in besonderer Weise zukommt, den Geist nicht auszulöschen, sondern alles zu prüfen und das Gute zu behalten (vgl. 1 Thess 5,12 und 19–21)."[162] Die Bereitschaft einer Person, sich mit ihrer Gabe in die Gemeinschaft einzuordnen und damit der Leitung unterzuordnen, ist ein *inneres Kriterium* dafür, dass eine Gabe echt ist und gut gebraucht wird.[163]

Wiederum geht es um eine Spannungseinheit: Vielfalt und Ordnung, Spontaneität und Struktur, Einzelbegabung und Gemeinschaft. Die verschiedenen Gaben und Berufungen sind einander zugeordnet. Ihre Vielfalt macht den Reichtum der Kirche aus. Paulus mahnt uns, ihre Verschiedenheit nicht als gefährlich zu sehen, sondern zu begrüßen: „Es gibt verschiedene Gnadengaben, aber nur den einen Geist" (1 Kor 12,4). Ein und derselbe Geist wirkt Verschiedenheit *und* Einheit. Wenn wir uns aus Angst um die Einheit nicht auf die *geistgewirkten* Verschiedenheiten einlassen, dann verhindern wir Leben.

9. Von Jetzt in die Zukunft

Das Anliegen der bisherigen Kapitel dieses Buches war es, ausgehend vom Neuen Testament sowohl grundlegende Wahrheiten für die Kirche aller Zeiten in Erinnerung zu rufen als auch vor diesem Hintergrund die Defizite der derzeitigen Gestalt der katholischen Kirche in Deutschland aufzuzeigen. Der Blick auf frühere Gestalten von Kirche ließ aufscheinen, wie unterschiedlich sich Kirche im Laufe der Zeiten schon entwickelte, und erleichtert dadurch, die noch bestehende Gestalt zu relativieren.

Dieses letzte Kapitel wagt nun einen Blick in die Zukunft. Vieles davon findet sich schon andeutungsweise in den bisherigen Kapiteln. Es wird hier gebündelt vorgelegt. Dabei geht es *nicht* um Vorschläge für *konkrete pastorale Maßnahmen*; ebenso wenig beinhaltet es Stellungnahmen zu bestimmten, die derzeitige Diskussion beherrschenden Fragestellungen, wie etwa die Zulassung von Geschieden-Wiederverheirateten zu den Sakramenten oder die Zulassungsbedingungen zum Priestertum. Es geht vielmehr darum, ausgehend von der jetzigen Situation (1) und den Defiziten, die zu dieser Situation geführt haben (2), klar zu benennen, wovon wir uns verabschieden müssen (3), und aufzuzeigen, in welche Richtung sich die Kirche in Deutschland meiner Überzeugung nach entwickeln sollte (4) und welche Gefahren bei einer solchen Entwicklung lauern und deshalb im Blick zu behalten sind (5). Der abschließende Absatz formuliert, was ich für entscheidend halte, damit der Weg in eine neue Kirchengestalt in der *Führung des Heiligen Geistes gemeinsam* gefunden und gegangen werden kann.

1. Die derzeitige Situation der Kirche in Deutschland

Wenn man einen durchschnittlichen Sonntags-Gottesdienst in unseren Landen erlebt, findet man eine Gemeinde vor, deren Alters*durchschnitt* zwischen 60 und 70 liegen dürfte. In ca. 20 Jahren sind die meisten davon gestorben. Wer ist dann Kirche als Glaubensgemeinschaft? Von den heute Anwesenden vielleicht noch 10%; denn von den Kindern und Enkelkindern derer, die noch da sind, wird nur ein kleiner Bruchteil in die Kirche hineinwachsen. Die heute zu unseren Gottesdiensten kommen, sind in den meisten Regionen aber nur ca. 15% der als Katholiken registrierten Personen. Dies ist schon jetzt eine kleine Minderheit der Bevölkerung. Wie wird es erst in 20 Jahren sein? Gottesdienstbesuch ist nicht der einzige Maßstab für Gläubigkeit, aber doch ein wesentlicher. Wenn man danach fragen würde, wieweit die Lehre der Kirche, sowohl die Glaubens- wie die Morallehre, zur wirksamen Lebensüberzeugung geworden ist, dürfte die Antwort vielleicht differenzierter, aber wahrscheinlich noch negativer ausfallen. So ist also klar: Wir befinden uns in einem dramatischen Reduktionsprozess, was Glauben und Mitgliedschaft in der Kirche betrifft.

Noch lebt vieles. Noch leisten die Pfarreien und Pfarrverbände für die Menschen viel. Noch gibt es die *Treue der vielen*, die tagaus, tagein ihren Dienst tun, betend, helfend, motiviert vom Glauben und von der Liebe. Aber wird es noch lange *viele* geben? Ich habe den Eindruck, dass man sich in der deutschen Kirche noch weithin *Illusionen* macht, sowohl was die Zahlen als auch die Gläubigkeit der Kirchenmitglieder angeht. Wenn beides weiter abnimmt, werden auch viele der karitativen, medizinischen und sozialen Einrichtungen nicht mehr als *kirchliche* Einrichtungen weiter zu führen sein. Es ist deshalb abzusehen, dass die institutionelle Stellung, die die katholische (und die evangelische) Kirche kraft Konkordat und Staatskirchenrecht in Deutschland hat, bald nicht mehr aufrechtzuerhalten sein wird.

2. Defizite in der Pastoral, die zur gegenwärtigen Situation geführt haben

Verfehlte Grundpastoral

Der gravierende Fehler der nachkonziliaren Pastoral war es, dass sie unverändert – weitgehend bis heute, und das mit hohem personellem Einsatz – die *Einführung in den Glauben* nach dem *volkskirchlichen Modell* weitergeführt hat. Dieses Modell beruhte darauf, dass katholische Eltern den Glauben an die nächste Generation weitergeben;[164] der schulische Religionsunterricht sollte diese Grundlage ergänzen und weiterführen. Von Seiten der Pfarreien konzentrierte man sich auf die Vorbereitung zur Erstkommunion und zur Firmung. Dieses Modell ist weitgehend gescheitert. Fachleute konstatieren: „Die Vollzüge der Initiation (Einführung in den Glauben) sind in unserer Kirche seit mehr als einer Generation wirkungslos;"[165] und: „Ein Großteil der Christen von heute befindet sich faktisch im Katechumenats-Status, und das müssen wir in der

Praxis endlich ernst nehmen."[166] Genauer müsste man sagen: Sie befinden sich noch *vor* dem Katechumenats-Status, da dieser voraussetzt, dass man eine Einführung in den Glauben *will*. Die meisten des angesprochenen Großteils meinen aber, sie seien bereits Voll-Christen.

Defiziente Sakramenten-Theologie

Hinter der skizzierten Grundpastoral steht eine Sakramenten-Theologie, die einseitig von der wichtigen Aussage des Konzils von Trient (1542–1563) bestimmt ist, dass die Sakramente „ex opere operato" wirken, d. h., dass durch den gültigen Empfang die Gnade des Sakraments als Gnaden-*angebot* im Empfänger eingepflanzt ist.[167] Ob es für sein Leben *fruchtbar* wird, bleibt dann offen, weil Gott die freie Mitwirkung des Menschen nicht umgeht. Möglichst viele mit gültigen Sakramenten zu *versorgen* macht bis heute die Grundpastoral der Kirche bei uns aus. Ein Pfarrer hat das einmal so charakterisiert: Wir haben die Menschen „sakramentalisiert und nicht evangelisiert". Die häufig wiederholte Aussage, dass „jeder, der getauft und gefirmt ist, ein mündiger Christ" sei, ist einfach falsch. Es ist so, wie wenn man ein Samenkorn, das in die Erde gelegt wurde, zum ausgewachsenen Baum erklären würde. So ist die einseitige Sakramenten-Theologie auch dafür verantwortlich, dass manche, die nie tiefer in den Glauben hineingewachsen sind, in den Gremien der Kirche und z. T. auch in der Öffentlichkeit meinen, über Pastoral und Lehre der Kirche mitentscheiden zu können. Eine Sakramenten-*Pastoral*, die diesen Namen verdient, muss aber auf den *fruchtbaren* Empfang ausgerichtet sein. Fruchtbar ist ein Sakramentenempfang, wenn die Gnade, die das Sakrament bezeichnet und vermitteln will, das Leben eines Menschen *verändert*. Dazu hinführen heißt, die *Sehnsucht* nach dieser *Veränderung* zu wecken und das Sakrament *dann* zu spenden, wenn in ihm gefeiert werden kann, was im *personalen Glauben* am Wachsen ist. Dass Geschieden-Wiederverheiratete vom Kommunionempfang ausgeschlossen sein sollen, wird v. a. deshalb als skandalös empfunden, weil sonst bei den Sakramenten die minimalsten Kriterien die Praxis bestimmen. Die gängige Praxis geht auch an den „Zeichen der Zeit" völlig vorbei; denn der moderne Mensch ist auf *subjektive Erfahrung* und daraus folgende *eigene Entscheidung* aus.

Fehlende Glaubensgemeinschaft

Von geistlichen Gemeinschaften und Bewegungen und vereinzelten Ortsgemeinden abgesehen ist Glaube bei uns auch in der Kirche weitgehend *Privatsache*, d. h., er wird nur in *vorgegebenen* Formen und Formulierungen ausgedrückt. Gottesdienste und Sakramente werden primär oder gar ausschließlich als *individuelle* Heilsfeiern gesehen, und ihre kirchliche Dimension wird kaum als Gemeinschaftsvollzug *erlebbar*. Kirchenrechtliche Regelungen, die mit ihnen (v. a. bei der Ehe) verbunden sind, werden deshalb als bürokratisch und störend empfunden und mit Berufung auf das individuelle Gewissen unterlaufen.

Den Glauben „weiterzugeben" vermag aber nur jemand, der ihn nicht nur im Herzen trägt, sondern ihn auch *im Wort bezeugen* kann.[168] Eine Pastoral, die nicht dazu anleitet und herausfordert, über den Glauben zu *sprechen*, ihn auszutauschen und zu *bekennen*, programmiert geradezu sein Verschwinden aus der Gesellschaft vor.

Die gängige Pastoral geht davon aus, dass alle, die einmal
zur Erstkommunion gegangen sind und katholischen Religionsunterricht erhalten haben, den christlichen Glauben
persönlich angenommen haben und als „mündige Christen"
gelten können. Die Praxis zeigt jedoch überdeutlich, dass
dies *nicht* der Fall ist. Eine große Mehrheit von ihnen sind
sogenannte nicht-praktizierende Gläubige geworden. Sie
hätten als junge Erwachsene eine *Einführung* in die Praxis
des Glaubens, ein „Katechumenat", gebraucht, das ihnen
eine wirkliche Entscheidung für den Glauben als *Lebens-
grundlage* ermöglicht. In den letzten Jahrzehnten sind vie-
lerorts gute Angebote entwickelt worden, wie z. B. „Exer-
zitien im Alltag", durch die Menschen in ein *kontinuierliches
Gebetsleben* hineinwachsen können, oder Glaubenskurse,
um sich mit den *Grundwahrheiten* des Glaubens auseinanderzusetzen. Beides, ein kontinuierliches Gebetsleben wie
die Identifikation mit den Grundwahrheiten des Glaubens,
sind keine beliebigen Zugaben, sondern gehören *unabding-
bar* zum Christ-Sein. In der gängigen Pastoral gibt es dafür
aber nur *unverbindliche Zusatzangebote* für „Liebhaber", die
nicht in die allgemeine Grundpastoral integriert sind.

Weil die Taufe das grundlegende Sakrament des *Glaubens*[169] ist, kann und darf sie nicht *ohne* Glaubens*bekenntnis*
gespendet werden. Im Fall der Kindertaufe geht es um den
Glauben der *Eltern*, die dann von Paten unterstützt werden. Bei der Taufe bekennen sie stellvertretend für das
Kind den Glauben. Die Taufe erfolgt auf *ihren Glauben hin*;
sie übernehmen damit die Aufgabe, das Kind in den Glauben einzuführen.[170] Der Glaube, in den sie ihre Kinder
einführen sollen, ist der *Glaube der Kirche*, nicht ihre sub-

jektive Meinung davon. Tatsächlich wird diese Aufgabe aber vielfach an Pfarrei und Religionsunterricht delegiert.

An der großen Zahl von Getauften, die ihren Glauben nicht praktizieren, ist abzulesen, dass die Einführung in den Glauben nicht ohne ein Katechumenat, eine *verbindliche Glaubens-Schule,* geht. Das betrifft zuerst die Erwachsenen. Denn die Glaubens-Einführung der als Kinder Getauften durch Erstkommunion und Firmung hat sich dort, wo die Eltern den Glauben nicht vorleben – von Ausnahmen abgesehen – als unwirksam erwiesen. Auch wenn bei Kindern und Jugendlichen, dank des Einsatzes von Kommunion-Müttern und Firmhelfern, durchaus Interesse am Glauben geweckt werden kann, sind die jungen Menschen dadurch meist noch nicht zu einer tragfähigen Glaubensentscheidung befähigt. Einführung in den Glauben an Christus, Evangelisation, ist aber eine der *Hauptaufgaben* der pastoralen Arbeit.

Weitgehender Ausfall von Umkehr- und Buß-Pastoral

Das Wort „Kehrt um und glaubt an das Evangelium" (Mk 1,15) stellt die Zusammenfassung des Evangeliums dar, insoweit es die *Antwort des Menschen* auf die Initiative Gottes in Christus betrifft. Umkehr und Glaube bezeichnen *ein und denselben* existentiellen Vorgang. Eine Glaubensverkündigung, die verschweigt, dass Christ-Werden eine Umkehr *impliziert,* verfälscht das Evangelium. Zwar wird in der gängigen Pastoral auch von Umkehr gepredigt, aber *wirksame Hilfen* für Umkehr*vollzüge* bleiben eher die Ausnahme. In der volkskirchlichen Praxis hatte es dazu ein regelmäßiges Beichtangebot, regelmäßige Volksmissionen und vor allem die Bußzeiten von Advent und Fas-

tenzeit mit entsprechenden Andachten gegeben. Dies ist –
von Ausnahmen vor allem in bestimmten Kreisen
abgesehen – längst Vergangenheit. In der nachkonziliaren
Pastoral wurde versäumt, der veränderten Zeit entspre-
chende Formen einzuführen. Das Sakrament der Versöhnung ist aus der allgemeinen Pastoral der Pfarreien in Wall-
fahrtsorte und Ordenskirchen ausgewandert und wird nur
mehr von einer Minderheit der Kirchenglieder wahrgenommen.

Gleichzeitig wird immer deutlicher, dass Christ-Sein
eine *Abkehr* von vielem verlangt, was in der Gesellschaft
akzeptiert, ja geradezu *propagiert* wird. Gott, Schöpfung
und eine jenseitige Perspektive des Lebens nicht nur als
Hypothese gelten zu lassen, sondern sein *Leben daran zu
orientieren*, macht einen in weiten Kreisen der Gesellschaft
zum Sonderling. Der Slogan „Alles ist erlaubt, nichts wird
vergeben" bringt gleichzeitig die Beliebigkeit wie die Gna-
denlosigkeit dessen auf den Punkt, was als „political cor-
rectness" die öffentliche Meinung bestimmt. Wer also als
Christ in dieser Gesellschaft leben will, ist auf Hilfen *angewiesen*, die ihn auch nach dem Katechumenat in dem nie
abgeschlossenen Prozess halten, Christ zu werden.

Kirchliche Trauung als Folklore

Besonders problematisch finde ich die Lage in Bezug auf
das Ehesakrament. Da von vielen immer noch eine kirchliche Feier für diese „Hoch-Zeit" des Lebens gewünscht
wird, lässt sich die Pastoral dazu verleiten, in vielen Fällen
den *feierlichen Rahmen für eine Familienfeier* herzugeben, in
dem der eigentliche Inhalt des Sakraments, Ehe als Abbild
der Beziehung Christi zu seiner Kirche, nicht gesucht und

gewollt wird. Dass man im Traugespräch nichts einzuwenden hat gegen das, was für eine kirchenrechtlich gültige Ehe verlangt wird, besagt beileibe nicht, dass man es wirklich *will*. Man kann angesichts dieses Defizits die Frage stellen, ob viele der kirchlich geschlossenen Ehen wirklich gültig sind.[171] So wünschenswert erscheinen mag, dass Geschieden-Wiederverheirateten die volle Teilnahme am Leben der Kirche ermöglicht wird, so ungenügend wäre dies, ohne dass gleichzeitig die *Zulassungspraxis* zur kirchlichen Eheschließung grundlegend erneuert wird.

Undifferenzierte Angebote: alles für alle

Die gängige Pastoral behandelt alle, die zur Erstkommunion gegangen sind, als Vollchristen. Sie bietet undifferenziert allen alles an. Die Eucharistiefeier ist weitgehend zur einzigen Gottesdienstform geworden. Das zeigt sich schon im Wortgebrauch: Wenn man von Gottesdienst ohne Zusatz spricht, meint man fast immer die Eucharistiefeier. Für die meisten derer, die sich als Kirchenmitglieder fühlen, ist sie die einzige regelmäßige Gelegenheit, in der sie ihren Glauben praktizieren. In dieser maximal eine Stunde dauernden Veranstaltung soll dann alles geschehen: katechetische Weiterbildung und Vertrautwerden mit dem Wort Gottes, persönliches Beten, Erleben des Kirchenjahres, Auseinandersetzung mit der gesellschaftlichen Entwicklung und Information über kirchliche Ereignisse. Eucharistiefeier ist jedoch die *Höchstfeier* des Glaubens, die bei den Mitfeiernden *viel voraussetzt*, vor allem die persönliche Überzeugung, dass Christus für mich gestorben ist, damit ich aus seiner Hingabe lebe.

3. Wovon wir uns verabschieden müssen

Im Folgenden wird schlagwortartig formuliert, wovon wir uns in der Kirche in Deutschland m. E. verabschieden müssen:

- von einer Kirche, die als *Institution* die Menschen *flächendeckend* durch Pfarreien und Seelsorgeeinheiten erreicht;
- von einer Kirche, die in ihrer Pastoral vor allem auf die Versorgung mit gültigen Sakramenten *fokussiert* ist;
- von einer Kirche, die in ihrem Dienst primär von *Priestern* und sekundär von *hauptamtlichen* Laien getragen wird;
- von einer Kirche, die in ihrer Botschaft auf einem *allgemein geteilten Vorverständnis* von Welt und Leben aufbauen könnte;
- von einer Kirche, die von Generation zu Generation sozusagen *von selbst* weiterwächst;
- von einer Kirche, die auf *Akzeptanz* in der Gesellschaft *baut;*
- von einer Kirche, die als etablierte Großinstitution in Deutschland mit Hilfe von Konkordaten und staatskirchenrechtlichen Verträgen *sicher weiter bestehen* wird;
- von einer Kirche, die die einzige Institution[172] ist, die in den *Grenzsituationen des Lebens*, Geburt, Krankheit und Tod, *einen Ritus* anzubieten hat und deren Dienst man in diesen Situationen *selbstverständlich* in Anspruch nimmt;
- von einer Kirche, die meint, sich vor allem durch *strukturelle und institutionelle* Mittel und Maßnahmen erhalten zu können, und die die Konfrontation mit dem *persönlichen Glauben* – und damit auch Unglauben – ihrer Mitglieder eher *vermeidet;*

- von einer Kirche, die ihre Einheit fast nur *in vorgegebenen Formen* zum Ausdruck bringt und sie nur selten als *gelebte* Einheit des Glaubens und Gebets *erlebt;*
- von einer Kirche, in der man vielfach mehr auf die Aktivität, das Bemühen und Planen *der Menschen* vertraut als auf das *Wirken des Heiligen Geistes* und das Gebet um *seine Führung.*

Abschied ist sehr wichtig im menschlichen Leben. Im Abschied kann das, wovon man sich verabschiedet, noch einmal voll zum Bewusstsein kommen. Die Gestalt von Kirche, von der wir uns verabschieden müssen, hatte bei aller Einseitigkeit ihren *großen Wert;* z. B. die flächendeckende Seelsorge zusammen mit dem selbstlosen Einsatz vieler Priester, die den Menschen vor allem in Grenzsituationen des Lebens beigestanden sind. Auch die eher einheitliche Form in den Gottesdiensten half, in der Kirche daheim zu sein. Die eher objektive Gestalt des Glaubens ersparte manchen Konflikt. Was wir hinter uns lassen müssen, war zwar defizitär, aber nicht schlecht. Es verdient unsere Trauer. Wir müssen uns davon verabschieden, damit wir offen werden für eine *neue Gestalt von Kirche.* Auch sie wird keine vollkommene Kirche sein, sondern ihre Einseitigkeiten und Defizite haben.

4. Vision einer neuen Gestalt von Kirche in Deutschland

Im Folgenden formuliere ich wiederum schlagwortartig, wie ich mir eine künftige Kirche bei uns vorstelle:

- Sie wird eine Kirche sein, die im gelebten Glauben *derer* lebt, die *sich für Christus entschieden haben* und deshalb in ihr mitmachen und sich deshalb in ihr engagieren.
- Sie wird Mitglieder haben, die sich *verantwortlich* für die Kirche fühlen, deshalb auch *aktiv* entsprechend ihren Gaben und Charismen das Leben der Kirche *mitgestalten.*
- Sie wird vor allem dadurch neue Gläubige gewinnen, dass ihre Glieder gesprächs- und auskunftsfähig *über den Glauben* sind und durch *ihr Zeugnis* Menschen ihrer Umgebung (Kollegen, Nachbarn, Familienmitglieder usw.) auf den Glauben *neugierig* machen.
- Sie wird für Menschen interessant werden, die nach dem *Sinn ihres Lebens suchen*, die mit den gängigen Antworten nicht zufrieden und deshalb bereit sind, etwas *einzusetzen*, um einen Sinn für ihr Leben zu finden.
- Sie wird nach einem Wort von Bischof Klaus Hemmerle in „Zellen" leben, deren Glieder jeweils ein „Modell" christlichen Lebens *miteinander* leben, das von Christus „Zeugnis" gibt.[173] Diese Zellen werden *unterschiedliche Modelle* entwickeln. Kirche wird eher die Sozialgestalt eines *Netzwerks* als einer monolithischen Institution haben.
- Sie wird deshalb in sich *pluraler* sein als bisher.
- Sie wird eine Kirche sein, in der man den Glauben *miteinander teilt*, indem man darüber austauscht, wie der Glaube das eigene *Leben verändert hat und prägt*. Neben vorgegebenen Formen des Gebets wird das *freie*, ad hoc *persönlich formulierte Gebet* selbstverständlicher werden. Auf diese Weise antwortet sie auf ein „Zeichen der Zeit": die *Not der Vereinsamung*, unter der viele Menschen leiden.

– Sie wird sehr *klein* sein, *weniger Aufmerksamkeit in den öffentlichen Medien* haben, dafür umso eher dort, wo die Menschen *vor Ort* leben.[174]

Diese Vision ist keine reine Zukunft mehr, sie hat schon in den nicht wenigen *kleinen Gruppen* und *Initiativen begonnen*. Sie sind schon „Lernorte des Glaubens". Auch heute schon gibt es Erwachsene und Jugendliche, die *neu* zum Glauben finden. Sie haben viele Fragen und sind in ihrer Praxis, was Beziehungen und Sexualität angeht, oft weit weg von kirchlichen Standards. Sie suchen nach dem *Sinn ihres Lebens*. Sie kommen zur Kirche, weil sie ahnen, dass er in Christus zu finden ist. Die klassischen „Kirchenfragen", z.B. Frauenpriestertum, Bischofsernennungen oder Mitsprache der Laien, interessieren sie meist wenig. Ihnen geht es um den Kern des Evangeliums.

5. Gefahren einer solchen Kirchengestalt und wie ihnen begegnet werden kann

Jede Kirchengestalt hat ihre Stärken und Schwächen. Wenn man sich auf eine neue Gestalt einlässt, ist es gut, sich ihre möglichen Gefahren vor Augen zu führen.

– Intensivere Gemeinschaft im Glauben kann anziehend, aber auch abschreckend sein. Sie verlangt eine besondere *Willkommenskultur*.
– Eine Kirche, die vor allem in verbindlichen Gemeinden lebt, kann zum Ghetto werden. Sie muss sich immer wieder bewusst machen, dass sie *nicht für sich*, sondern dafür da ist, dass *die vielen* Christus entdecken und in

ihm das Heil finden, und sie muss kreativ Beziehung zu ihnen *suchen*.

– Wenn die staatlich eingezogene Kirchensteuer, staatliche Zuschüsse und die staatlichen theologischen Fakultäten wegfallen, wird die *Sorge* um die *finanziellen Quellen* mehr Vertrauen auf Gott, einer größeren Eigenbeteiligung aller und besonderer Bemühungen bedürfen.

– Wenn der Glaube in den Gemeinden in persönlicher Kommunikation miteinander gelebt wird, werden vermehrt Beziehungskonflikte mit entsprechenden Verletzungen auftreten. Damit sie nicht verdrängt werden oder Gemeinden zerstören, gewinnt der *Versöhnungsdienst* erhöhte Bedeutung.

– Wenn der Glaube vor allem in der eigenen Gemeinde gelebt wird und die Kirche als Großinstitution in den Hintergrund tritt, wird es umso wichtiger sein, die Einheit in den *Glaubensgrundlagen* zu suchen und zu pflegen. Dies wird eine der Hauptaufgaben von Bischöfen und Priestern sein. Regelmäßige *Großveranstaltungen auf diözesaner und nationaler Ebene* werden neu wichtig, damit die Einheit im Glauben der Kirche gemeinsam gefeiert und erlebt werden kann.

6. Der Weg zu einer neuen Kirchengestalt

Der Reduktionsprozess, in dem die Kirche steht, ist *unaufhaltsam*. Es geht nicht darum, ihn zu verzögern, aber auch nicht darum, ihm nur resignativ zuzuschauen. Die Kirche als Glaubensgemeinschaft sollte *initiativ neue Prioritäten* setzen, neue Modelle fördern und Experimente ermutigen, durch die sich eine *neue Gestalt von Kirche* entwickeln kann. Dafür muss sie *entscheidungsfreudig* werden.

Die Entscheidungen, die weiterführen, müssen *gemeinsame* Entscheidungen sein, und sie müssen *geistliche* Entscheidungen sein. Dafür braucht es eine *neue Kultur* in unseren Gremien und Konferenzen. Gemeinsame geistliche Entscheidungen setzen den Glauben voraus, dass Gott *im Hier und Jetzt* im Miteinander der Teilnehmenden wirkt. Sie leben aus deren *existentiellem Gebet*. Sie verlangen vor allem, dass man auf den Heiligen Geist hört, indem man *aufeinander hört*. Die Teilnehmenden kommen zwar mit ihren Vorstellungen in die Konferenz, aber sie müssen bereit sein, sich davon zu lösen. Es ist ein Abenteuer, denn niemand weiß im Voraus, was am Ende herauskommen wird. So kann eine Tagung zum Ereignis des *Heiligen Geistes* werden.

Inhaltlich wird es vor allem um einen *Umbau der Grundpastoral* gehen: Einführung verbindlicher katechumenaler Wege, Klärung und Formulierung der *Zulassungskriterien* zu den verschiedenen Sakramenten, kreative Entwicklung von Modellen für den *Zugang* zu Glauben und Gemeinden. Dafür sind Offenheit, die nicht in Beliebigkeit abgleitet, und Flexibilität, die nicht zur Unverbindlichkeit verleitet, erforderlich. Wenn Gemeinden *Lernorte* des Glaubens werden sollen, dann muss von Anfang an Glauben als Beziehungsgeschehen *mit Gott und untereinander erlebt* werden.

Es wird Widerstände geben. Der größte wird von denen kommen, die die *Angst* nicht überwinden können, die eine *wahrhaftige* Kommunikation *im Glauben* macht. Deshalb wird es überall Menschen brauchen, die bei aller Entschlossenheit, voranzugehen, ihre eigene Schwachheit nicht verbergen und so ein *Klima des Vertrauens* eröffnen, das auch die Ängstlicheren einzuladen vermag.

Anmerkungen

1 Besonders hilfreich, sowohl im Inhalt wie im Stil, finde ich die beiden Bücher von Christian Hennecke: Kirche, die über den Jordan geht – Expeditionen ins Land der Verheißung, Münster ⁴2010; und: Glänzende Aussichten – Wie Kirche über sich hinauswächst, Münster 2010. Ein bewegendes Zeugnis aus langjähriger pastoraler Erfahrung mit einem umfassenden Erneuerungsmodell bietet: Kurt Gartner, Lieber Bruder Bischof – Briefe eines Pfarrers zur Reform der Gemeindepastoral, Herder 1989.

2 Der Band: Kirche² – Eine ökumenische Vision, Hrsg. von Philipp Elhaus, Christian Hennecke, Dirk Stelter, Dagmar Stoltmann-Lukas, Würzburg 2013, bietet die Referate und Erfahrungsberichte eines internationalen ökumenischen Kongresses, der 2013 in Hannover stattfand und auf dem viele neue Aufbrüche vorgestellt wurden.

3 Alfred Loisy, Exeget und Religionswissenschaftler (1857–1940). Wie Loisy selbst das zitierte Wort aus seiner frühen Hauptschrift L'Evangile et l'Eglise, erschienen Paris 1902, verstanden hat, ist umstritten. Hat er sich darin doch als Katholik gegen das Kirchenverständnis von A. Harnack gewandt. Er geriet allerdings im Laufe seiner weiteren Entwicklung in die sich verschärfenden Auseinandersetzungen um den sogenannten Modernismus und wurde später exkommuniziert.

4 Hervorhebungen A. L.

5 Ebenso verhält es sich mit dem zweiten Initiations-Sakrament, der Firmung.

6 Diese Entscheidung ist immer wieder zu erneuern und zu vertiefen. Im *Vollsinn* gehören Katechumene, Taufbewerber, die in der Einführungszeit in den Glauben sind, noch nicht zur Kirche.

7 II. Vatikanisches Konzil, Dogmatische Konstitution über die Kirche „Lumen gentium", Nr. 1.

8 „Lumen gentium" Nr. 8.

9 „Lumen gentium" Nr. 5.

10 Wörtlich übersetzt: „Am letzten dieser Tage".

11 Der Brief an die Thessalonicher als Ganzer gilt als die zeitlich erste Schrift des NT.

12 Unsere für die Zwischenzeit charakteristische Christus-Beziehung bezeichnet Paulus an vielen Stellen seiner Briefe mit „in Christus sein"(εν Χριστω); hier spricht er von „bei Christus sein" (συν Χριστω) als der Beziehung nach dem leiblichen Tod.

13 Siehe Fußnote 12.

14 Ausführlicher zum Weltverhältnis des Christen, auch nach Ignatius von Loyola: Alex Lefrank, In der Welt – nicht von der Welt (Ignatianische Impulse Nr. 52), Würzburg 2011.

15 Das griechische Wort für Zerstreuung lautet: διασπορα, wovon unser Wort Diaspora abgeleitet ist. In der Diaspora sein ist also die *grundlegende Ortsbestimmung* für Christen. Das griechische Wort, von dem unser Wort „Pfarrei" abgeleitet ist, lautet: παροικια d. h. Wohnsitz in der Fremde.

16 II. Vat. Konzil, Pastorale Konstitution über die Kirche in der Welt von heute „Gaudium et spes" Nr. 4; in „Gaudium et spes" Nr. 11 und im Dekret über das Laienapostolat „Apostolicam actuositatem" Nr. 14 sind dann eine ganze Reihe von Phänomenen als kennzeichnend für die damalige Weltentwicklung aufgezählt.

17 Diese Benennungen beziehen sich zunächst auf die europäisch-nordamerikanische Geschichte, die sich allerdings auf die anderen Kontinente enorm ausgewirkt hat. Wieweit sie für diese anderen Kontinente relevant sind, ist eine andere Frage.

18 Verlautbarungen des Apostolischen Stuhls Nr. 179, Enzyklika Spe salvi, Nr. 16–23.

19 Papst Benedikt hat diese Auseinandersetzung differenziert und philosophisch qualifiziert geleistet; nachzulesen in: Benedikt XVI., Die Ökologie des Menschen, Augsburg 2012. Papst Franziskus führt sie konsequent weiter, in manchen Punkten wie z. B. in Bezug auf die globalisierte Wirtschaft noch pointierter.

20 II. Vatikanisches Konzil, Dogmatische Konstitution über die Kirche „Lumen gentium" Nr. 8.

21 Das II. Vatikanische Konzil hat den Begriff der Mitgliedschaft (lateinisch: membrum) eher vermieden und vom Begriff des Volkes Gottes her gestufte Zugehörigkeits-Beziehungen zur römisch-katholischen Kirche aufgezeigt (LG 13–16). Nach dem Konzil wurde diese differenzierte und dynamische Sicht bei uns wenig aufgenommen, sondern schon die anfanghafte Zugehörigkeit (z. B. gültig empfangene Taufe auch ohne kirchliche Glaubenspraxis) zur *Voll*mitgliedschaft („mündiges Christ-Sein") erklärt.

22 II. Vatikanisches Konzil, Dogmatische Konstitution über die Kirche „Lumen gentium" Nr. 9 Überschrift; sowie 2. Satz: „Gott hat es aber gefallen, die Menschen nicht einzeln, unabhängig von aller wechselseitigen Verbindung, zu heiligen und zu retten, sondern sie zu einem Volke zu machen, das ihn in Wahrheit anerkennen und ihm in Heiligkeit dienen soll."

23 II. Vatikanisches Konzil, Dogmatische Konstitution über die Kirche „Lumen gentium" Nr. 26.

24 Mehr dazu in Kapitel 8 Einheit und Verschiedenheit, Abschnitt 7°.

25 Die eine römisch-katholische Kirche hat aktuell *zwei* Rechtsbücher: den „Codex Iuris Canonici (CIC)", promulgiert 1983, für den lateinischen Teil der römisch-katholischen Kirche und den „Codex Canonum Ecclesiarum Orientalium (CCEO)", promulgiert 1990, für die mit Rom unierten Kirchen byzantinischen und altorientalischen Ursprungs.

26 Dieser Satz („Dies ist ...") bezieht sich auf den vorausgehenden Abschnitt in der Kirchenkonstitution „Lumen gentium" Nr. 8, in dem die Einheit von Kirche als „Leib Christi" und als „Gemeinschaft des Glaubens" einerseits und als „mit hierarchischen Organen ausgestattete Gesellschaft" andererseits in Analogie zur hypostatischen Union in Christus näher erläutert wird.

27 Ich ziehe diese Übersetzung des lateinischen Ausdrucks „subsistit" in der Studienausgabe der Konzilstexte (Herder ²2004) der meist zitierten Übersetzung „ist verwirklicht" vor, die in der bischöflich genehmigten Ausgabe zu finden ist.

28 II. Vatikanisches Konzil, Dogmatische Konstitution über die Kirche „Lumen gentium" Nr. 8.

29 Ich verdanke diese Erläuterung des lateinischen „subsistit" dem Frankfurter Theologen Medard Kehl SJ.

30 Dieses Kapitel geht auf einen Impuls zurück, zu dem ich für den ökumenischen Kirchentag in München 2010 eingeladen wurde.

31 II. Vatikanisches Konzil, Dogmatische Konstitution über die Kirche „Lumen gentium" Nr. 1.

32 „Lumen gentium" Nr. 1.

33 Hier gilt die „Unfehlbarkeit, mit welcher der göttliche Erlöser seine Kirche bei der Definition einer Glaubens- und Sittenlehre ausgestattet sehen wollte". II. Vatikanisches Konzil, Dogmatische Konstitution über die Kirche „Lumen gentium" Nr. 25.

34 „Lumen gentium" Nr. 7.

35 Charakteristisch ist das Wort, das von Romano Guardini, einem der wichtigsten Promotoren der Bewegung, überliefert ist: „Ein Vorgang unermesslicher Tragweite hebt an: Die Kirche erwacht in den Seelen."

36 Siehe dazu v. a. 1 Kor 12–14.

37 II. Vatikanisches Konzil, Dogmatische Konstitution über die Kirche „Lumen gentium" Nr. 8.

38 Paul VI.: „Evangelii nuntiandi", Apostolisches Schreiben über die Evangelisierung in der Welt von heute, 1975, Nr. 15

39 Was hier mit „Unzucht" gemeint ist, ist bis heute unter Exegeten umstritten. Eine plausible Interpretation versteht darunter die im jüdischen Gesetz (Lev 18,6–18) verbotene Eheschließung zwischen nahen Verwandten.

40 Dies gilt jedenfalls vom christlichen Glauben her. Hier liegt auch die einfache Antwort auf die Frage, ob es „Judenmission" geben dürfe: Sie ist erforderlich in dem Sinne, dass auch den Juden Jesus als der Messias bezeugt und mit Bezug auf die Verheißungen der jüdischen Bibel verkündet werden muss. Wenn man aber Judenmission so definieren würde, dass Juden aufhören müssten, Juden zu sein, um Christen zu werden, wäre sie neutestamentlich nicht richtig. Deshalb kann Paulus in der Auseinandersetzung mit seinen judaistischen Gegnern sagen: „Sie sind Israeliten – ich auch" (2 Kor 12,22).

41 Das prägt auch die Terminologie im Neuen Testament: Gewöhnlich wird nur Israel λαοσ (Volk) genannt, während die Heiden-Völker mit εθνοι (Ethnien) bezeichnet werden.

42 Insofern die Bibel die Schöpfung als den Anfang des geschichtlichen Handelns Gottes erzählt, ergibt sich sogar eine gewisse Nähe zur Evolutions-Lehre, für die die Schöpfung sich entwickelte und entwickelt – ohne dass damit natürlich die *metaphysische* Frage nach dem Ursprung der Schöpfung im Sinne eines Evolutionismus beantwortet würde.

43 Zitiert aus: Widerstand und Ergebung, Briefe und Aufzeichnungen aus der Haft, hrsg. von Eberhard Bethge, Ch. Kaiser Verlag München, 1962, S. 112/113, Brief vom 2. Advent 1943.

44 Hans Urs von Balthasar, Einsame Zwiesprache – Martin Buber und das Christentum, Einsiedeln ²1993, S. 57.

45 So sagt es Jesus in Bezug auf die Ehescheidung: „Nur weil ihr so hartherzig seid, hat er (Mose) euch dieses Gebot (einen Scheidungsbrief auszustellen) gegeben" (Mk 10,5).

46 Siehe Mk 12,28–34: das doppelte Liebesgebot als Zusammenfassung des Gesetzes.

47 Martin Buber, Der Jude in der Welt, in: Die Stunde der Erkenntnis, Berlin 1936, S. 44. Ich übernehme dieses Zitat aus: Hans Urs von Balthasar, Einsame Zwiesprache, Martin Buber und das Christentum, Einsiedeln ²1993, S. 27.

48 Vgl. dazu z. B. Mt 8,11; 21,43 und v. a. 16,17–19, wo Jesus die künftige Versammlung Gottes (εκκλησια – meist mit „Kirche" übersetzt), sein Volk, auf Petrus, der ihn erkannt hat, gründet, weil Israel ihn nicht erkannt hat.

49 Siehe dazu den Artikel Werner Löser SJ, Die konziliare Volk-Gottes-Theologie und das ökumenische Gespräch über die Rechtfertigung, in: Zeitschrift für Theologie und Philosophie (ThPh) 88/2013, S. 86–94.

50 Diese Folgen bestehen darin, dass alles, was die Menschen ihrer Länder als westlichen Einfluss erleben, mit dem Christentum *identifiziert* und diesem in die Schuhe geschoben wird. Nun erfahren sie

diesen Einfluss, der ja durch Wirtschaft, Werbung und Medien mächtig auf sie eindringt, weitgehend als Zerstörung ihrer eigenen Werte und Traditionen. Deshalb ist ihr Hass auf das Christentum verstehbar. Ausbaden müssen diesen Hass vor allem die christlichen Minderheiten dieser Länder. Die wichtigste Hilfe, die wir westlichen Christen den bedrängten christlichen Kirchen dort leisten können, besteht deshalb darin, dass wir die Gleichung westlich = christlich als falsch entlarven.

51 Dazu mehr im folgenden Kapitel: 6. Kirche – stellvertretend für die ganze Menschheit.

52 Was über die „meisten Religionen" hier gesagt wird, gilt nicht für den Buddhismus, jedenfalls in seiner klassischen Form. In seinen vielfältigen Volksformen allerdings dürfte es zutreffend sein.

53 Die Verkündigung des Evangeliums, wie sie die Apostelgeschichte Apg 2–14 erzählt, beginnt immer bei den Juden, meist in den Synagogen, und zeigt auf, wie sich in Christus die alten Verheißungen erfüllt haben. Bei der zweiten Missionsreise ist das nicht mehr so deutlich. Eine klare Ausnahme bildet der Versuch des Paulus in Athen (Apg 17,16–34), der aber wenig erfolgreich gewesen scheint.

54 So wird oft die Erlösungs-Lehre Anselms von Canterbury missverstanden – als ob die Ehre Gottes, die Christus durch seinen Sühnetod wieder hergestellt habe, eine Sache wäre, deren Gott bedürfte; Ehre ist aber ein Beziehungs-Begriff.

55 Die Gottes-Knecht-Lieder sind in das Prophetenbuch Jes 40–55 eingefügt, das in der Tradition des Propheten Jesaja, der im 8. Jahrhundert v. Ch. gelebt hat, von einem anderen, uns namentlich nicht bekannten Propheten in der Exilszeit verfasst wurde, der deshalb „Deutero-Jesaja" (zweiter Jesaja) genannt wird. Als Gottes-Knecht-Lieder werden die Stellen Jes 42,1–9; 49,1–9c; 50,4–9 und 52,13–53,12 bezeichnet.

56 Hervorhebung A. L. Genauer gesagt ist das Wort vom Himmel eine Kombination aus Gen 22,2: „geliebter Sohn" (an Isaak bei seiner Opferung gerichtet), aus Ps 2,7: „mein Sohn" (an den Messias-König gerichtet) und aus Jes 42,1: „an dem ich Gefallen gefunden habe" (Aussage über den Gottes-Knecht).

57 Vgl. dazu Mk 12,1–12: Gleichnis von den bösen Winzern: „schließlich blieb ihm (Jahwe) nur noch einer: sein geliebter Sohn. Ihn sandte er als letzten zu ihnen" (Mk 12,6).

58 Manche Passagen des Johannes-Evangeliums zeigen, dass Jesus diese Möglichkeit gehabt hätte, und deuten an, dass Jesus darum gerungen hat, *wann* es der Wille des Vaters ist, nach Jerusalem zu gehen, um sich den Hohenpriestern zu stellen: Joh 10,40; 11,8–10; 11,54.

59 Nach dem ersten Titel: „Wort, das Fleisch geworden ist" (Joh 1,1 und 1,14)

60 Das meint die kirchliche Lehre von der Erbsünde, die Paulus vor allem in Röm 5,12 anspricht: „Durch einen einzigen Menschen kam die Sünde in die Welt und durch die Sünde der Tod, und auf diese Weise gelangte der Tod zu allen Menschen, auf das hin, dass alle sündigten" (wörtliche Übersetzung abweichend von der Einheits-übersetzung, die sagt: „weil alle sündigten"). Der Tod als Folge ist also doppelt konditioniert: durch die Ursünde Adams und dadurch, dass alle durch ihre persönliche Sünde diese Ursünde ratifizieren und sich zu eigen machen.

61 Katechismus der katholischen Kirche (KKK) Nr. 1236.

62 Es ist charakteristisch für die Selbstbezeichnung Jesu in den Evangelien, dass er den Hoheitstitel Menschensohn, der in der Vision Daniels „mit den Wolken des Himmels" kommt und dem „Herrschaft, Würde und Königtum gegeben" (Dan 7,13–14) werden, auf sich gerade in seiner Niedrigkeit anwendet.

63 Brevier Komplet am Samstag S. 693 und Lesehore Ordensleute S. 1245; Gotteslob 2013 Nr. 823, Hervorhebung A. L.

64 Er geht zurück auf Origenes und Cyprian (LThK[3] IV. Band, Heilsnotwendigkeit der Kirche, Sp. 1346).

65 „Er (Gott, unser Retter) will, dass alle Menschen gerettet werden und zur Erkenntnis der Wahrheit gelangen" (1 Tim 2,4).

66 II. Vatikanisches Konzil, Dogmatische Konstitution über die Kirche „Lumen gentium" Nr. 13 letzter Absatz (Hervorhebung A. L.). Mehr als „zum Heil berufen" kann niemand sein; denn auch die Vollmitgliedschaft in der Kirche *garantiert noch nicht* das ewige Heil.

67 II. Vatikanisches Konzil, Dogmatische Konstitution über die Kirche „Lumen gentium" Nr. 9 (Hervorhebung A. L.).

68 Vor allem in Dogmatische Konstitution über die Kirche „Lumen gentium" Nr. 2; 4; 6; 9 und in der Erklärung über das Verhältnis der Kirche zu den nichtchristlichen Religionen „Nostra aetate" Nr. 4.

69 „Alle Glieder müssen ihm (Christus) gleichgestaltet werden, bis Christus Gestalt gewinnt in ihnen (vgl. Gal 4,19). Deshalb werden wir aufgenommen in die Mysterien seines Erdenlebens, sind ihm gleichgestaltet, mit ihm gestorben und mit ihm auferweckt, bis wir mit ihm herrschen werden (vgl. Phil 3,21; 2 Tim 2,11; Eph 2,6; Kol 2,12 usw.)", Dogmatische Konstitution über die Kirche „Lumen gentium" Nr. 7; auch Nr. 10.

70 LThK[2], VI. Band, Artikel „Kirche, III. Systematisch", Sp. 180 (J. Ratzinger, 1961, also vor dem II. Vatikanischen Konzil, Hervorhebung A. L.).

71 Siehe Fußnote 70.

72 Siehe Fußnote 70, Hervorhebung A. L.

73 Siehe Fußnote 70, Hervorhebung A. L.

74 Apg 2,21, aus dem Propheten Joel, den Petrus an Pfingsten zitiert.

75 II. Vatikanisches Konzil, Dogmatische Konstitution über die Kirche „Lumen gentium" Nr. 1, im lateinischen Urtext zweiter, in der deutschen bischöflichen Übersetzung dritter Satz; Hervorhebung A.L.

76 Siehe Fußnote 70, Sp. 181.

77 Siehe Kapitel 3: Die vier Dimensionen von Kirche: Leib Christi, Glaubensgemeinschaft, Institution, Sendung.

78 „Ein wahrhaft schaudererregendes Mysterium, das man niemals genug betrachten kann: dass nämlich das Heil vieler abhängig ist von den Gebeten und freiwilligen Bußübungen der Glieder des geheimnisvollen Leibes Jesu Christi, die sie zu diesem Zweck auf sich nehmen, und von der Mitwirkung, welche die Hirten und die Gläubigen ... unserem göttlichen Erlöser zu leisten haben", Acta Apostolicae Sedis XXXV S. 193 ff., hier zitiert aus der deutschen Übersetzung: Anton Rohrbasser, Heilslehre der Kirche, S. 489; vgl. auch Alex Lefrank, Umwandlung in Christus, Würzburg 2009, 6.7 Stellvertretendes Leiden S. 473–476.

79 Das habe ich selbst noch mitbekommen, z.B. als es um die Männer ging, die bis 1955 in russischer Gefangenschaft festgehalten wurden. Der damalige Caritaspräsident Alois Eckert sagte (dem Sinn nach): Ich habe ein Buch mit deren Namen; ich hoffe, bald ein Buch zu haben mit den Namen derer, die betend und opfernd vor Gott für sie eintreten.

80 Etwas ausführlicher wird das Weiheamt behandelt in Kapitel 8 Einheit und Verschiedenheit in der Kirche, Abschnitt 6° Amtsträger, Laien, Charismen.

81 „Mit aufrichtigem Ernst betrachtet sie (die Kirche) jene Handlungs- und Lebensweisen, jene Vorschriften und Lehren, die zwar in manchem von dem abweichen, was sie selber für wahr hält und lehrt, doch nicht selten einen Strahl jener Wahrheit erkennen lassen, die alle Menschen erleuchtet", II. Vatikanisches Konzil, Erklärung über das Verhältnis der Kirche zu den nichtchristlichen Religionen „Nostra aetate" Nr. 2.

82 II. Vatikanisches Konzil, Pastoralkonstitution Die Kirche in der Welt von heute „Gaudium et spes" Nr. 92 mit der Überschrift: „Der Dialog mit allen Menschen" (Hervorhebung A.L.).

83 II. Vatikanisches Konzil, Erklärung über die Religionsfreiheit „Dignitatis humanae" Nr. 3, nachdem wenige Sätze zuvor der Missionsbefehl Mt 28,19–20 zitiert worden ist.

84 Angabe im Duden zur Erläuterung des Fremdworts Dialog.

85 Ein Text von Heinrich Spaemann, zitiert in Schott-Messbuch, Teil II, Seite 705, Donnerstag der 30. Woche.

86 II. Vatikanisches Konzil, Dogmatische Konstitution über die Kirche „Lumen gentium" Nr. 61.

87 „Lumen gentium" Nr. 63. So die Übersetzung von Hünermann in Herders theologischem Kommentar; die bischöflich genehmigte Übersetzung hat: Typus.

88 Das stimmt nicht ganz: Die „Assyrische Kirche des Ostens", die auf Antiochia zurückgeht und das Konzil von Ephesus 431 nicht angenommen hatte, missionierte bis nach Indien und China. Nachdem die entstandenen Gemeinden auch im Mongolenreich zunächst bestehen konnten, wurden sie unter Tamerlan im 14. Jahrhundert unterdrückt.

89 In diesem Sinn sprach man vor dem II. Vatikanischen Konzil von „Akkomodation" und „Adaptation".

90 Es ist dem Leser vielleicht schon aufgefallen, dass ich als Autor dieses Buches das Wort „Christentum" eher vermeide. Es transportiert für mich ein ungeklärtes Verhältnis von christlichem Glauben und Kultur.

91 Ansprache Seiner Heiligkeit Papst Benedikt XVI. im Deutschen Bundestag, Verlautbarungen des Apostolischen Stuhls Nr. 189, hrsg. vom Sekretariat der Deutschen Bischofskonferenz, Bonn 2011, S. 33, Hervorhebung A. L.

92 „Dass in den Grundfragen des Rechts, in denen es um die Würde des Menschen und der Menschheit geht, das Mehrheitsprinzip nicht ausreicht, ist offenkundig", Ansprache des Papstes S. 32

93 Vielleicht ist es richtiger zu sagen: Die herrschende Religion ist der Säkularismus. Zu dieser Aussage kommt man, wenn man Religion als die dem Menschen von Natur aus innewohnende Frage nach Sinn und Ziel der Gesamtheit des Lebens und der Dinge versteht. Säkularismus heißt dann: Menschen und Dinge sind so, wie wir sie wahrnehmen, in sich Sinn und erübrigen die Frage darüber hinaus. Papst Benedikt XVI. hat in diesem Sinn zum Treffen von Religions-Vertretern 2011 in Assisi auch bekennende Atheisten eingeladen. Der Säkularismus der Massen dürfte wohl eher darin bestehen, dass der Konsum- und Leistungsdruck es gar nicht zur Sinnfrage kommen lässt – es sei denn, der gewohnte Lebens-Ablauf wird durch eine Krisensituation aufgebrochen.

94 Papst Johannes Paul II., Apostolisches Schreiben „Catechesi tradendae" (1979) Nr. 53.

95 So im Griechischen (φιλανθρωπια); die Einheitsübersetzung hat: Menschenliebe.

96 So eine mehr wörtliche Übersetzung des griechisch zitierten Jesaja-Textes Lk 4,18.

97 Ich übersetze wörtlich; die Einheitsübersetzung entschärft das Wort Jesu, indem sie statt „hasst" (μισῶν), „gering achtet" sagt.

98 Bezeichnenderweise spielte die Firmung eine eher geringe Rolle; sie wurde meist im Zuge der Erstkommunion gespendet. Diese aller-

dings wurde zusammen mit der Erstbeichte für die Initiation in den Glauben genutzt.

99 Ich übersetze πολιτευμα abweichend von der Einheitsübersetzung nicht mit „Heimat", sondern mit „Bürgerschaft", um die politisch-rechtliche Bedeutung des Begriffs hervorzuheben.

100 Vgl. dazu die Analyse und Kritik des neuzeitlichen Fortschritts-Begriffs in der Enzyklika „Spe salvi" von Papst Benedikt 2007, Nr. 16–23.

101 In Frankreich, wo die Entwicklung in mancher Hinsicht der unseren voraus ist, haben die Bischöfe die Aufgabe der Kirche in die Gesellschaft hinein so formuliert: „Proposer la foi" = den Glauben (als Möglichkeit und Chance) anbieten.

102 Vgl. dazu die sogenannte Sinus-Studie, die von der vorherrschenden Lebens-Orientierung zehn verschiedene Milieus in Deutschland ausgemacht hat.

103 Im Griechischen: εισ = männliche Form: einer, obwohl näher gelegen hätte εν = eins (sächlich) zu sagen. Christ-Sein ist nach Paulus εν χριστω = in Christus sein. Das dürfte Paulus dazu bewogen haben, die männliche Form zu wählen, weil Christus Mann ist – genauso wie er vorher (3,26) und nachher (4,6) „Söhne Gottes" sagt.

104 Zeugnis dafür sind viele Bilder, in denen Päpste, Fürsten und einfache Gläubige nebeneinander unter dem Schutzmantel Mariens oder vor Christus als Richter stehen.

105 Fast gleichlautend Kol 3,22 in einer ebensolchen „christlichen Hausordnung". Ähnlich Tim 6,1; Tit 2,9 und 1 Petr 2,18. Der Philemonbrief, mit dem Paulus einen entlaufenen Sklaven seinem christlichen Herrn zurückschickt, zeigt, dass Christen einander Brüder und Schwestern sind und alle sozialen Unterschiede, auch die von Sklaven und Freien, grundlegend relativiert sind.

106 Dort, wo das nicht der Fall ist, betrifft es meist die Religionsfreiheit. In Europa und Nordamerika betrifft es neuerdings v. a. die Personwürde des Kindes im Mutterleib und des sterbenden Menschen.

107 Die Verschiedenheit von Juden und Heiden in der Kirche wurde in Kapitel 5 bereits behandelt.

108 II. Vatikanisches Konzil, Dekret über die katholischen Ostkirchen „Orientalium Ecclesiarum".

109 Die Terminologie ist nicht einheitlich. Manche bezeichnen mit „römisch-katholischer Kirche" nur den Teil, den ich ihren „lateinischen" Teil nenne. Tatsächlich hat der Papst in Rom als „Patriarch des Abendlandes" zu diesem Teil ein engeres Verhältnis als zu den übrigen Teilkirchen. Dennoch scheint mir meine Terminologie richtiger, weil sie die *dogmatisch bestehende Einheit* klarer bezeichnet.

110 II. Vatikanisches Konzil, Dekret über die katholischen Ostkirchen „Orientalium Ecclesiarum" Nr. 5 (Hervorhebung A.L.).

111 Siehe Fußnote 110.

112 Ebenso im Epheser- und Kolosser-Brief.

113 In beiden Beispielen griechisch: εκκλησια. Genau gleichlautend wie im 1. auch in 2. Brief an die Korinther; im 1. und 2. Brief an die Thessalonicher heißt es: „der Kirche der Thessalonicher" (τη εκκλεσια ϑεσσαλονι-κεων), was die Einheitsübersetzung so wiedergibt: „an die Gemeinde von Thessalonich".

114 II. Vatikanisches Konzil, Dogmatische Konstitution über die Kirche „Lumen gentium" Nr. 26.

115 Siehe Fußnote 114, der darauf folgende Satz.

116 „Lumen gentium" Nr. 27 (Hervorhebung A.L.). Das Zitat geht weiter: „auch wenn ihr Vollzug letztlich von der höchsten kirchlichen Gewalt geregelt wird".

117 II. Vatikanisches Konzil, Dogmatische Konstitution über die Kirche „Lumen gentium" Nr. 26; das Zitat im Zitat stammt von Leo dem Großen, Sermo 63.

118 „Denn Gott hat seinen Sohn nicht in die Welt gesandt, damit er die Welt richtet, sondern damit die Welt durch ihn gerettet wird. Wer an ihn glaubt, wird nicht gerichtet; wer nicht glaubt, ist schon gerichtet, weil er an den Namen des einzigen Sohnes Gottes nicht geglaubt hat" (Joh 3,17–18; fast gleichlautend Joh 12,47–48).

119 Im griechischen Urtext: εκκλησια, was sonst mit „Kirche" übersetzt wird, hier aber zutreffend mit „Gemeinde" wiedergegeben wird, weil hier die konkrete (Orts-)Gemeinde handeln muss. Faktisch kennen wir seit langem solches Rechts-Handeln der Gemeinde vor Ort nicht mehr; es hat sich in die fernen Instanzen Diözese und päpstliche Kurie verlagert und wird deshalb als bürokratisch und ohne Zusammenhang mit dem Glaubens-*Leben* empfunden.

120 Da die Zahl der Christen viel kleiner als heute war und deshalb in den Städten nur *eine* Gemeinde war, hatte jede dieser Stadtgemeinden einen Bischof als Leiter. Er war sozusagen der Pfarrer dieser Gemeinde, während die Priester (Presbyter = Älteste genannt) seine untergeordneten Mitarbeiter waren.

121 „Gemeinschaft der Heiligen" wird gewöhnlich als Gemeinschaft der Menschen verstanden, die geheiligt sind. Ursprünglich war aber der Genitiv „sanctorum" sächlich: communio sanctorum = Gemeinschaft an den heiligen Gaben. Wiederum ein Hinweis darauf, dass subjektive Heiligkeit aus der objektiven, der Gnadenheiligkeit resultiert und nicht losgelöst von ihr zu sehen ist.

122 II. Vatikanisches Konzil, Dogmatische Konstitution über die Kirche „Lumen gentium" Nr. 8.

123 Siehe Fußnote 122, Nr. 11 (Hervorhebung A.L.).

124 „Lumen gentium" 124, Nr. 48.

125 Vgl. dazu, was in Kapitel 4 „Kirche als doppelte Bewegung" ausgeführt wurde.

126 Artikel „Strukturelle Sünde" in LThK³, Band 9, Sp. 1051 von Konrad Hilpert.

127 In den Enzykliken: Sollicitudo rei socialis 35–37, Centesimus annus 38, Evangelium vitae 59, sowie im Katechismus der kath. Kirche Nr. 1869.

128 In der gemeinsamen Erklärung zur Rechtfertigungslehre (Augsburg 1999) wird das lutherische „simul iustus et peccator" zwar nicht als kirchentrennend angesehen, aber doch zu den Punkten gezählt, an denen weitere Verständigung nötig sei.

129 Siehe dazu: Katechismus der katholischen Kirche (KKK) Nr. 1854–1861.

130 Konzil von Trient (DH 1533 f.). Das Konzil wies damit missverständliche Aussagen Luthers zurück. Diese lassen sich mit dem Konzil vereinbaren, wenn man statt von Heils-*Gewissheit* von Heils-*Hoffnung* spricht.

131 Von Franz von Assisi wird eine solche berichtet. Aber gerade sein Beispiel zeigt, wie das Bewusstsein der eigenen Unwürdigkeit wesentlich zur Heiligkeit gehört.

132 II. Vatikanisches Konzil, Dogmatische Konstitution über die Kirche „Lumen gentium" Nr. 1.

133 Siehe dazu: Alex Lefrank, Umwandlung in Christus – Die Dynamik des Exerzitienprozesses, Würzburg 2009.

134 Ähnlich auch: „Vor euch, Brüder, konnte ich aber nicht wie vor Geisterfüllten reden; ihr wart noch irdisch eingestellt, unmündige Kinder in Christus. Milch gab ich euch zu trinken statt fester Speise; denn diese konntet ihr noch nicht vertragen" (1 Kor 3,1–2).

135 Ich übernehme diese Unterscheidung auch in der Terminologie von Medard Kehl, Wohin geht die Kirche? Eine Zeitdiagnose, Freiburg 1979.

136 Manche, vielleicht sogar viele davon tragen durch ihren finanziellen Beitrag, ihre Spenden und sogar durch ihre Mitarbeit die *karitativen, sozialen und Entwicklungs-Projekte* der Kirche mit, ohne aber am zentralen Inhalt, dem Glauben, Interesse zu zeigen.

137 In der Apostelgeschichte wird der christliche Glaube deshalb mehrmals einfach Weg (οδοσ) genannt (Apg 9,2; 19,9; 19,23; 22,4; 24,14).

138 Ideal ist kein biblischer Begriff. Er geht auf die platonische Sicht der Wirklichkeit zurück und hat seinen berechtigten Ort in der Entwicklungs-Psychologie.

139 II. Vatikanisches Konzil, Dekret über Dienst und Leben der Priester „Presbyterorum ordinis" Nr. 6, Hervorhebung A. L.

140 „In Christus" (εν χριστω) sein, ist gängige Formulierung in den Paulusbriefen für Christ-Sein.

141 Siehe Kapitel 4: Kirche als doppelte Bewegung.

142 Mitglieder von Säkularinstituten leben nicht in Kommunitäten zusammen, sondern als einzelne oder in ihrer Familie und gehen ihrem jeweiligen Beruf nach. Diese Lebensform wurde 1947 von der Kirche als „Institut des geweihten Lebens" anerkannt (CIC can. 710–746).

143 Siehe dazu den folgenden Abschnitt 5 Spiritualitäten.

144 Hervorhebung A. L.

145 Messbuch, Präfation an den Gedenktagen von heiligen Jungfrauen und Ordensleuten (Hervorhebung A. L.).

146 Die hier gegebene Übersetzung stammt von mir; sie bleibt eng am Urtext, übernimmt teilweise die Einheitsübersetzung mit einigen Anleihen aus der Übersetzung von Norbert Baumert SJ.

147 Siehe dazu Kapitel 2 Kirche in Zeit und Ort.

148 Von der Berufung zum Ordensstand *als Stand* ist die konkrete Führung eines Menschen durch Impulse des Heiligen Geistes zu unterscheiden. Sie ergehen in die jeweils konkrete Situation eines Menschen hinein und laden ihn zu einem bestimmten Schritt in seiner Lebensgestaltung ein. Sich durch solche Impulse führen zu lassen, gehört zum Christ-Sein als „Leben im Heiligen Geist". Wenn keine Berufung zum Ordensstand vorliegt, kann es z. B. einen solchen Impuls des Heiligen Geistes dazu geben, einen bestimmten Menschen zu heiraten. Zum Ehestand *als Stand* gibt es keine Berufung, weil die Ehe mit der Schöpfung gegeben ist (siehe Gen 1,27–28).

149 Dies dürfte der Sinn einer Aussage des Konzils von Trient sein, die gegen die reformatorische Bestreitung der Ehelosigkeit und des Ordensstandes gerichtet ist: „Wer sagt, der Ehestand sei dem Stand der Jungfräulichkeit und des Zölibates vorzuziehen, und es sei nicht besser und seliger (lateinisch: melius ac beatius, also ein Komparativ) in der Jungfräulichkeit und dem Zölibat zu bleiben (lateinisch: manere), als sich in der Ehe zu verbinden (vgl. Mt 19,11 f., 1 Kor 7,25 f.38.40): der sei mit dem Anathema belegt", DH (Denzinger-Hünermann) 1810.

150 Ich gebrauche den Begriff „Spiritualität" hier in einem *speziellen, eingeengten* Sinn.

151 Das wurde bereits im Kapitel 4 Kirche als doppelte Bewegung an Beispielen näher verdeutlicht.

152 Hier liegt ein Unterschied zwischen dem, was ich hier als Spiritualität definiere, und den Spiritualitäten geistlicher Bewegungen, die insofern eine *inhaltliche Auswahl* getroffen haben, als diese ihnen von einem Defizit in der aktuellen Kirche vorgegeben war.

153 II. Vatikanisches Konzil, Dogmatische Konstitution über die Kirche „Lumen gentium", Nr. 20, lateinisch: ministerium.

154 So 1 Kor 12,28; ähnlich Röm 12,6–8 und Eph 4,11.

155 II. Vatikanisches Konzil, Dogmatische Konstitution über die Kirche „Lumen gentium" Nr. 12.

156 Gemeinsame römisch-katholische/evangelisch-lutherische Kommission, Das geistliche Amt in der Kirche, in: Dokumente wachsender Übereinstimmung. Sämtliche Berichte und Konsenstexte interkonfessioneller Gespräche auf Weltebene, Frankfurt a. M., Band I, 1982, S. 335 (Hervorhebung A. L.); das Zitat innerhalb des Textes verweist auf ein Dokument der Kommission für Glaube und Kirchenverfassung des ökumenischen Rats der Kirchen in Accra 1974.

157 Siehe Fußnote 156, S. 337, Hervorhebung A. L.

158 Siehe Fußnote 156.

159 In der Exegese herrscht weitgehend Einigkeit, dass hier *nicht* die *alttestamentlichen* Propheten gemeint sind, wie ebenso darüber, dass mit den Aposteln *nicht nur das Zwölferkollegium* der Evangelien gemeint ist, zu dem Paulus und Barnabas ja nicht gehört haben.

160 Hervorhebung A. L.

161 II. Vatikanisches Konzil, Dekret über Dienst und Leben der Priester „Presbyterorum ordinis" Nr. 6. Hervorhebung A. L.

162 II. Vatikanisches Konzil, Dogmatische Konstitution über die Kirche „Lumen gentium" Nr. 12.

163 Siehe dazu: Alex Lefrank, Freiheit in Gehorsam, in: Zur größeren Ehre Gottes, Ignatius von Loyola neu entdeckt für die Theologie der Gegenwart, Hrsg. von Thomas Gertler SJ, Stephan Kessler SJ und Willi Lambert SJ, Herder 2006, S. 160–179, bes. S. 171–176.

164 Man sprach – auch in offiziellen Dokumenten – von der „Weitergabe des Glaubens an die nächste Generation" und beklagte, dass sie nicht mehr gelinge. „Weitergabe des Glaubens" ist eigentlich ein Unwort: Den Glauben kann man nicht weiter*geben*, wie man eine Sache weiterreicht; man kann ihn nur vorleben und be*zeugen*.

165 Christian Hennecke, Glänzende Aussichten – Wie Kirche über sich hinauswächst, Münster 2010, S. 58.

166 Kardinal Josef Ratzinger, bei einem Vortrag in Trier 2003; zitiert im Geleitwort von Bischof Dr. Josef Homeyer zum Buch von Christian Hennecke, Kirche, die über den Jordan geht, Münster, ⁴2010, S. 7.

167 In der klassischen Schultheologie formuliert, heißt das: Wenn kein Hindernis besteht (lateinisch: obex), tritt eine erste Wirkung des Sakraments, die „res et sacramentum", ein. Die „res" selbst, die die Person erfassende Gnade des Sakraments, ist damit vom Empfänger aber noch nicht aufgenommen.

168 Paulus wendet ein anthropologisches Grundgesetz auf den Glauben an, wenn er formuliert: „Wenn du mit deinem Mund bekennst: ‚Jesus ist der Herr‘ und in deinem Herzen glaubst: ‚Gott hat ihn von den Toten auferweckt‘, so wirst du gerettet werden" (Röm 10,9). Der Volksmund sagt dasselbe, wenn er umgekehrt formuliert: „Wessen das Herz voll ist, dessen läuft der Mund über." Wessen also der Mund nicht überläuft, dessen ist das Herz auch nicht damit voll. Solange ich mich zu meiner Glaubensüberzeugung vor anderen nicht zu bekennen wage, ist sie auch für mich noch nicht definitiv.

169 „Die Taufe ist das Sakrament des Glaubens. Der Glaube bedarf der Gemeinschaft der Gläubigen. Jeder Gläubige kann nur im Glauben der Kirche glauben", KKK (Katechismus der katholischen Kirche) Nr. 1253.

170 „Es muss die begründete Hoffnung bestehen, dass das Kind in der katholischen Religion erzogen wird; wenn diese Hoffnung völlig fehlt, ist die Taufe gemäß den Vorschriften des Partikularrechts aufzuschieben; dabei sind die Eltern auf den Grund hinzuweisen", CIC (Codex des kanonischen Rechts) Can. 868, § 1, 2°.

171 Sowohl Papst Benedikt XVI. wie Papst Franziskus haben diese Frage bei ihren Ansprachen vor den Mitarbeitern der Rota, dem päpstlichen Ehegericht, vorsichtig angesprochen.

172 Dies gilt in gleicher Weise für die evangelischen Landeskirchen.

173 „Zellen, Modelle, Zeugnis" lautete das Wort von Bischof Hemmerle, das ich von ihm bei einer Tagung von geistlichen Gemeinschaften und Bewegungen ca. 1988 gehört habe und mit dem er aussprach, was seiner Intuition nach die Gestalt einer zukünftigen Kirche prägen wird.

174 Nachdem ich die beiden Abschnitte 3° und 4° formuliert hatte, ist mir ein Text von Joseph Ratzinger in die Hände gefallen, der inhaltlich vieles gleich sieht; er wurde mündlich vorgetragen 1969, veröffentlicht in: Glaube und Zukunft, München 1976.